HUELLAS

Villalobo, Marcos Javier
Huellas : relatos desde el cerro Pistarini / Marcos Javier Villalobo.
- 1a ed. - Córdoba : Babel Editorial, 2021.
168 p. ; 21 x 15 cm.
ISBN 978-987-697-285-7
1. Relatos Personales. 2. Cuentos de Fútbol. I. Título.
CDD 808.883

Babel Editorial
Alvear 75 - CP 5000 - Córdoba - Arg.
Tel.: 351 5314139
E-mail: babeslediciones@gmail.com

HUELLAS

Marcos J. Villalobo

BABEL
EDITORIAL

La primera vez que fui al Cerro Pistarini era un niño. Quedé maravillado al estar en la cima. Desde ese lugar altísimo veía todo mi pueblo. Y, claro, esos ojos infantes no podían creer lo que veían. ¡Sus paisajes eran espectaculares! Descubrí que Embalse era gigante. Se observaban los movimientos, su gente, su flora, su fauna, sus colores… En el mirador del Cerro Pistarini descubrí que vivía en un lugar único.

Me fui de Embalse a los 13 años.

Pero vuelvo siempre.

Y este libro es una recopilación de artículos periodísticos que me permitieron, con el fútbol como excusa, seguir retornando a mi pueblo.

EMBALSE

Siempre regreso. Estoy convencido que siempre volveré. Es mi lugar de origen y será el sitio de mi descanso eterno. Aunque el viento me lleva lejos, de alguna forma me las ingenio para regresar. Y si las tormentas son duras, sé que allí encontraré el remanso. Más allá de que cada vez que retorno, la evolución le cambia la cara y los viejos amigos también han alterado su rostro, su aroma indescriptible es el mismo. Ese perfume a peperina, sierras, lago y buena gente es inalterable a pesar del paso del tiempo.

Todo cambia y nada cambia en esa bella localidad. Ya no está la Abuela Honoria ni la Nona Rosa. Ya no está la Tía Susana ni la Tía Liliana. Ya no está el Nono Lorenzo ni el Nono Martín. Pero no están "físicamente", porque cuando paso por La Aguada y Santa Isabel los escucho, están, los siento, me parece verlas y verlos. Por eso, en aquel lugar vigilado por el Cerro Pistarini todo cambia y nada cambia. Ya no está el Monolito pero sí su esencia; todo cambia y nada cambia.

Los amigos siguen siendo amigos, a pesar de los años, los colores, las religiones, las discusiones. Todos conviven, todos sueñan, todos recuerdan. Sí, en ese serrano lugar, visionado por los ingenieros Alba Posse y Fitz Simon, que tiene los hoteles turísticos más solidarios y populares de Argentina, a cada segundo hay una anécdota que se cuenta. Es una usina de cuentos, de recuerdos, de personajes como Pacheco, Biguá, Bartolo, el padre Pepe, Marianito, José Pérez, el Zorro Bustos y el Viviqui... Doña Candelaria o

Doña Cledia, la Señorita Lala o la maestra Esther Sánchez de Rouviere, la Negra Avellino o Doña Irma de Miranda o la Tía Elsa Pereyra; tantas y tantos como el Doctor Roberto, el Lucchini, Doña Arminda, Guille Páez, Paco González, Niky Bello, Federico "La Voz" Pereyra, Gladys Canavesse, la Señorita Iris y Pocholo Fernández o el Doctor Márquez... tantos que, a diario, aún, escriben la historia de ese paraíso terrenal de las sierras cordobesas.

En nuestro pueblo el aire lustra el lago todo el día, como escribió César Aira, más allá de los múltiples errores que tiene en su novela *Embalse*, como al describir nuestra tonada y nuestros barrios. Una pena que semejante escritor se haya confundido tanto. Aun así, tiene momentos tremendamente logrados como cuando describe el amanecer y el atardecer de nuestras costas.

"Se quedó inmóvil una media hora, extasiado con el panorama. Podía decir que no había otro paisaje que el cambio de la luz y los colores, pero eso era suficiente. Era el paisaje 'media hora'. En el cielo no había una sola nube. En el curso de los minutos, pasó por ciertos grados extraordinarios de azul; cada uno de ellos era como el anuncio de lo imposible, de una belleza que arranca lágrimas".

Embalse me arranca lágrimas. Por eso, siempre vuelvo, siempre la extraño. Ya no los conozco a todos, pero sé que son de mi pueblo. He caminado por todas sus calles, aunque ahora estén distintas. He corrido e imaginado partidos del "Canario" en barrio Casitas, en Las Flores o en el barrio Comercial. He correteado y saltado alambrados por Villa Irupé. He visto ganar carreras al Martín Giannobi en la ex cancha del Casyde y he escuchado relatos de cientos de triunfos de Santa Isabel. Tuve miedo del Lobisón que asustaba en la década del '90, y disfruté de sus festivales a inicios de cada año; y me narraron historias de La Mendocina.

Y el fútbol es una manera de regresar. La excusa del fútbol. Con el "Canario" o "Los Canarios", con los partidos en la canchita de abajo yendo a la Usina o los picados en la cancha de Segunda Usina, con los partidos en la placita de El Pueblito o en los torneos de fin de semana en La Aguada, con sus juegos en la canchita chica frente al Bochín Club o los cotejos en La Jaula, con partiditos en el patio de la Belisario Roldán o en algún intercolegial en la Rafael Obligado, con juegos eternos en el recreo de la Esther Sánchez de Rouviere o el 25 frente a La Cristal, con una pelota de goma en las calles del Barrio Comercial o una pelota de trapo en algún potrero de los barrios nuevos, porque en cualquier lado se emprendía un juego y se jugaba y cada uno tenía una anécdota futura y un paisaje único.

Y con la pelota en los pies recuperando pequeñas añoranzas y anécdotas viajamos en el tiempo. Pasado, presente, futuro, y la pelota acompañando risas y broncas, alegrías y fastidios. Un viaje imaginario con un equipaje multicolor en la memoria.

Hay canchas que ya no están. Desaparecieron. La cancha de los Maldonado, emblemática para el pueblo como la de Casyde, que después se transformó en pista de motocross. O la canchita de La Aguada frente a la casa del Lalo Ramírez, donde vi a mi mamá jugar a la pelota. Cuántas lágrimas me provoca ver casitas donde antes era la canchita yendo para el Cerro Pistarini. Potreros que desaparecieron, pero en el que los fantasmas de viejos juegos permanecen. Eso tienen los pueblos. Eso tiene Embalse del Ministro Pistarini.

Tuve la fortuna de conocer muchos, y puedo confirmar que el cielo de mi pueblo es distinto. Es limpio, es amplio y de noche tiene estrellas, muchas estrellas. Se puede pispiar si viene la lluvia. Los habitantes de mi lugar en el mundo saben si esas nubes traen agua, tierra o granizo.

Ese cielo soleado o nublado, ese cielo claro o rojizo, como sus atardeceres, ese cielo estrellado como ninguno, propone partidos que terminan con un asaaaaadazo, una gaseosa, unos mates, alguna que otra pelea… e historias para recordar después en los hoteles, en el mercado, la despensa, el Capri, el Plato Volador, el Casino, la vieja terminal, el Ranchito o Las Brasas, la playa Maldonado o la playa de Solari…

Embalse genera con sus paisajes ese "exquisito efecto artístico" que maravilla los ojos. Visitando sus costas, sus cerros, sus barrios... sus aromas, sus sabores, sus sonidos.

En los barrios embalseños los perros hacen conciertos casi todas las noches. Recuerdo cuando era adolescente, en la casa de mi nona Rosa, en La Aguada de Reyes, también solía haber recitales de perros durante largos períodos nocturnos. Y pensaba en esos ruidos que han ido desapareciendo. El sonido de las chicharras en verano allá en La Aguada. Hacía años que no las escuchaba, pero en el 2021 las volví a escuchar y bien fuerte; pero hacía años no las escuchaba, como hace años y años que perdí la costumbre de comer higos o moras desde sus árboles. En la casa de la Nona Urbana sacábamos la nuez del nogal, rompíamos su cáscara con una piedra y nos dábamos unos banquetes de nueces. O cuando salíamos en bandada a buscar piquillín.

¡Piquillín! Qué lindo cómo suena: piquillín.

Una palabra bien autóctona. Pi-qui-llín, Piquillín, piquillín, la digo varias veces para no olvidarla. Aunque, lamentablemente, perdí la memoria sobre su gusto. ¡Ay, qué lo tiró! Cuando éramos chicos sabíamos ir a buscar piquillín. Era rico comer piquillín… Guarda, guarda… Me estoy acordando del sabor. Lo estoy disfrutando.

Siento el sonido de una chicharra, mientras como el fruto del piquillín. Jugando con mi memoria.

Ahora repito la palabra piquillín… piquillín… piquillín… pi-qui-llín.

Aromas, gustos, recuerdos… La Abuela Honoria hacía unas compotas de manzana riquísimas. Y hacía unos dulces caseros espectaculares.

Embalse es su gente y sus historias. Como las que me

narra el Sergio Godoy en alguna sobremesa. O como la del comisionista Argüello que me contó, mientras viajábamos al pueblo desde Córdoba, que había un técnico en Embalse muy malo, que trabajaba en la Central Nuclear, y que en un partido lo quería sacar a mi papá. Justo había un tiro libre. El "Negro" Villalobo le pidió que lo dejara patear. El DT estaba furioso porque no le hacía caso. Y el rebelde pateó el tiro libre. Con esa zurda que coqueteó con Argentinos Juniors y Rosario Central la clavó a un ángulo y salió caminando para el banco de suplentes mientras todos celebraban el golazo. Historias, recuerdos… anécdotas.

De eso se trata.

De esas jugadas, de esos partidos inolvidables y esos jugadores recordados. Por eso busco volver de alguna forma. Con recuerdos, viajes esporádicos, palabras, sabores, aromas, sonidos, relatos y un sinfín de etcéteras.

Mario Benedetti termina su poema:

"Vuelvo / quiero creer que estoy volviendo
con mi peor y mi mejor historia
conozco este camino de memoria
pero igual me sorprendo."

Y es así. En mi pueblo cada vez que regreso, a pesar de conocer cada cuadra y no saber el nombre de ninguna calle porque me guío por las características de las casas, me sorprendo. Me sorprende su historia y su presente. Me sorprenden sus alegrías, sus sonrisas, y me sorprenden sus lágrimas y tristezas. Me sorprenden las torres y el vertedero.

Y parafraseando a Aníbal Troilo digo: "Qué me dicen que me voy, si siempre estoy volviendo".

Y es así.

Porque no nací por casualidad en esa bella localidad a la

que siempre retorno; porque gozoso estoy de que el Creador me haya regalado nacer en Embalse.

CAPÍTULO 1

VIAJE AL OLVIDO

El humito se ve del otro lado del alambrado. Es un partido amistoso, pero no importa, los choris están presentes. El próximo domingo comienza la Liga Regional Riotercerense de fútbol y tanto el club local, Recreativo Elenense, como el visitante, Fitz Simon, están ilusionados en hacer una buena campaña. En el equipo de Embalse hay un número 5 que muestra clase en cada pase, César Torres, el Checho. Pero este no será un domingo cualquiera para él.

El sol de abril no se siente en la cancha de escaso verde y algún que otro pocito. El partido está 0-0. Atacan los de Elena. Se escucha un insulto futbolero desde el otro lado del alambrado. Nicolás Gigena corta bien el balón desde el fondo, rechaza y... ¡boom! Silencio total. Visión borrosa. La pelota acaba de dar en la cabeza de su compañero Torres, quien está tendido en el suelo. Un segundo, una eternidad.

Teresa y Juan Leopoldo están tomando unos mates bajo la sombra allá en su casita de Embalse. Ya no se escuchan las chicharras del cerro porque el verano es recuerdo. Pero sí que el teléfono suena y suena. Tras atender y recibir la noticia, comienza un frenesí de vértigo que no pueden parar. Buscan un transporte que los lleve hasta la ciudad de Río Tercero, llegan a la clínica y ven justo cuando en una camilla bajan al Checho de la ambulancia. Con los ojos temerosos, Teresa se acerca a su hijo y le pregunta qué sucede, qué pasó. Checho la mira. No entiende nada y observa al médico, que intentando calmar la situación, y con una voz que busca llevar paz le dice: "Disculpe señora, su hijo no sabe quién es usted. El golpe que recibió le ha hecho perder la memoria".

César Torres nació el 14 de junio de 1985 en Cañada de Álvarez, pero se crió en la localidad cordobesa de Embalse. Desde pequeño se destacó con la pelota. Tal es así que su técnico Coté Gómez, en las infantiles de Fitz Simon, lo bautizó Checho en alusión a Sergio Batista. Su incursión en el fútbol lo llevó a viajar a Chile con la selección de Río Tercero, a debutar en la Primera del club con solo 16 años y a ser convocado para jugar en General Paz Juniors en la ciudad de Córdoba. Pero extrañaba a su familia y regresó a sus orígenes.

Admirador de Fernando Redondo, el sueño de ser futbolista profesional quedó trunco. Sin embargo, siguió jugando en Fitz Simon. Y llegó aquel domingo 22 de abril de 2007, donde ese pelotazo le borró los recuerdos. "No se acordaba de nada. No sabía quiénes éramos nosotros. Después de hablar con la neuróloga tuve que ir a terapia y presentarme, decirle que era la madre, contarle qué había pasado. Tuvo que aprender todo de nuevo. No reconocía la casa, ni a los hermanos. Le enseñamos a comer. Incluso a él le gustaba tomar mate y también tuvimos que enseñarle cómo se chupa la bombilla. Sabía hablar, entendía lo que le decíamos, pero había que explicarle cada cosa. Era todo nuevo". Teresa Bustos es la mamá de Checho. Narra la historia de su hijo con los ojos llorosos. Aquel pelotazo le dio justo en la sien y a César Torres le diagnosticaron amnesia cerebral transitoria. Desconocía todo.

Fueron 46 días donde al volante central hubo que contarle cada detalle de la vida. "Creíamos que esas cosas solo pasaban en las novelas", confiesa Juan Leopoldo, el padre, en la casa familiar del interior de la provincia de Córdoba. Afuera hay un cielo bien celeste y una vegetación admirable. El hogar de los Torres está en el pie de un cerro. A escasos kilómetros se encuentra el lago de Embalse que da origen al río Tercero. "Un día vino un primo y decidimos hacerle un asado. Buscábamos cosas para ver si Checho podía recordar, para ver si 'despertaba'. Bueno, en el asado estuvo a punto de comerse los huesos. ¡Se había olvidado hasta de comer asados!", refleja su hermano Gabriel.

Toda la familia está reunida, contando cómo fue su vida en aquellos meses. Checho, el protagonista, escucha a sus padres. Y mientras escucha, trae fotos, muchas, de cuando era niño. De esa época en que comenzó a generar simpatía por su juego. "Para mí, desde chico, el fútbol es todo. Me dejó un montón de amigos, le dediqué mucho tiempo…". Cuando pronuncia "tiempo", su tono de voz toma otro color. Para él, el tiempo no es una palabra más, representa muchas cosas. Aquel otoño del 2007 se lo enseñó.

"¡Volvé, Checho, te esperamos!"

Tantas cosas pueden pasar en 46 días. César Torres se había convertido en una nueva persona. Sin pasado. Y mamá Teresa sufría. Tenía miedo de hasta dejarlo ir al baño. Iba a tomar mate a lo de la tía Mima, pero rápidamente volvía para ver qué estaba haciendo su hijo. Y él, el Checho, aquel fanático del fútbol, de pronto se había vuelto un apasionado del tenis. Sufría frente al televisor con la derrota de David Nalbandián ante Nikolay Davydenko en Roland Garros y seguía expectante el avance hacia un nuevo título de Rafael Nadal en París. La Selección Argentina comandada por Alfio Basile se preparaba para la Copa América de Venezuela, pero a él no le importaba. El fútbol parecía algo desconocido.

En esa intención de hacerlo "volver", familiares y amigos lo llevaron hasta la localidad de Elena, pueblo que está a unos 40 kilómetros de Embalse. Fueron nuevamente a la cancha de Recreativo Elenense donde había sufrido el accidente. Llegó y lo primero que dijo fue: "¡Qué linda cancha!". Nada más. Pero lo más llamativo fue que le tiraron una pelota de fútbol para ver si reaccionaba. Sin embargo, para sorpresa de todos, Checho se hizo a un lado. La pelota quedó sola, ante la mirada incrédula de los presentes. Él, que desde bebé había tenido como juguete preferido el "fulbo", que era reconocido en el pueblo desde niño por su buen dominio de pelota, ahora la esquivaba. "No sabía lo que era", admite Checho, quien, con el tono pausado, agrega: "Me decían que yo jugaba al fútbol, pero no recordaba nada".

En el club todos estaban preocupados. Fundamentalmente Nicolás Gigena, quien había tenido la mala fortuna de haber hecho aquel rechazo desde el fondo. Al Checho lo llevaban a las prácticas, a los partidos. Pero no, no entendía el juego. En los partidos oficiales de la Liga, Alejandro Rópolo y otros compañeros hicieron una bandera con la leyenda: "¡Volvé Checho, te esperamos!". Sí, volvé. Todos en el club entendían que se había ido, que había "viajado". En la familia, también. Checho estaba, pero no estaba. El médico especialista en neurología Federico Gavaraglia les había dicho que en cualquier momento iba a volver. Sí, esas fueron las palabras textuales. Los estudios indicaban que no tenía ya secuelas del golpe. Estaba bien. Pero sin recuerdos.

"Estábamos preocupados por si le quedaba algo en la cabeza. Le hicimos estudios y no tenía nada. Había que esperar a que recuperara la memoria, podía pasar una semana, un mes, un año", cuenta Juan Leopoldo. Hasta que llegó ese gran día...

"Estaba en la pieza, junto con mi hermana Eliana, ya me habían dado de comer y me acosté a ver tele. Pero me cansé y les dije que prendieran la radio. Entonces me dormí. Al rato desperté y en la radio...". César está describiendo el momento con una foto de cuando era chico en la mano. Toda la familia está con los ojos brillosos, recordando ese instante mágico. Teresa lo mira esperando el desenlace que ya conoce, pero que la hace tan feliz. César hace una pausa, se acomoda los rulos, y retoma: "Me desperté y en la radio estaba cantando la Mona Jiménez y, no sé, empecé a cantar la canción. Me la acordaba. De repente volví, me acordaba de todo, llamé a mi hermana y ya llamamos a todos. Fue una alegría". Tal cual, "despertó". Sí, recobró la memoria, tras 46 días, gracias a un tema de La Mona, el cantante popular por excelencia de Córdoba.

¿La canción? "Paloma loca". ¿Qué tiene de especial? Ni el propio Checho sabe decirlo. "Me gusta la Mona, el cuarteto, Banda XXI, pero no soy fanático. Escucho de todo", confiesa. Baila cuarteto como todo cordobés, pero no tiene fanatismo por ningún grupo en especial. "Paloma loca", sin embargo, fue la llave para el vuelo de regreso.

En 46 días pueden pasar muchas cosas. Acompañándolo en el mediocampo, en aquel accidentado partido, estaba Federico Alesandri. Tantas cosas pueden cambiar en 46 días, que ese compañero se transformó en el principal candidato a intendente del pueblo durante ese tiempo. Y el vértigo de la vida, que no te espera por más que la memoria te haya jugado una mala pasada, o haya pedido un paréntesis, hizo que cuando Checho volviera a jugar al fútbol al año siguiente, aquel compañero ya no jugara más, debido a que se había convertido en el intendente de Embalse.

A propósito, el regreso al fútbol no le fue fácil. Había un poco de temor. La bandera todavía acompañaba al equipo. Pero César Torres aún tenía recelos. Hasta que un día, una tarde de febrero de 2008, volvió a los entrenamientos. La precaución estaba, pero los conceptos permanecían intactos, y el pase fino, vigente. Volvió. Y volvió a jugar con la 5 en la espalda.

Mientras César Torres dialoga con *El Gráfico* recibe un mensaje de texto de Nicolás Gigena, aquel defensor que, al rechazar desde el fondo, le dio el pelotazo demoledor. En el ida y vuelta de SMS se hacen chistes. "¡Qué zurdazo eh, jaja!", le escribe Gigena, quien vivió esos 46 días de amnesia de Checho con bastante preocupación.

"Fue terrible. Rechacé la pelota y le dio en la cabeza. Pero con la adrenalina del partido no nos dimos mucha cuenta en ese momento, porque lo vimos despierto en la camilla. No parecía de gravedad, creí que era un golpe normal. Después, en el entretiempo, Checho no estaba más. Y cuando terminó el partido, nos contaron a todos lo que había pasado. A medida que pasaba el tiempo, la preocupación era cada vez más grande. Yo iba siempre a su casa para ver cómo estaba, si recuperaba la memoria. Mi papá también estaba muy preocupado. Es gente que uno conoce desde chico, en los pueblos nos conocemos todos", describe Gigena, quien ahora vive en Buenos Aires, lejos de su Embalse, pero con el recuerdo latente de aquellos meses.

"Cargo de conciencia no tenía porque fue una jugada desafortunada, lo comprendí así. Si no, todos me hubieran acusado y nadie lo hizo. Por ahí tenía culpa futbolística, más que humana. O sea, un zaguero recio como yo, había lesionado a un jugador que la rompía, y encima del mismo equipo", dice entre risas Gigena.

Pero en un momento su voz cambia. Se pone serio y aclara: "Cuando me llamaron para avisarme que había recuperado la memoria, no se pueden imaginar la reacción. Fueron dos meses de constante pensar en la situación, días de mucha preocupación... Fue un alivio escuchar la noticia. Mi papá me agarró y me dio un gran abrazo, me habló y me dijo 'ya está, olvidate'. Él había visto que yo inconscientemente estaba triste. A Dios gracias, volvió el Checho".

Vuelta a la normalidad

Con sus 27 años, Torres se prepara para realizar una nueva pretemporada en Fitz Simon de Embalse. Y sonríe cuando evoca su regreso al fútbol de la Liga, en el que volvió a convertir un gol, ¡y de cabeza!, frente a Talleres de Berrotarán. El abrazo del Mono Bazán, de Adrián Cáceres, de cada compañero, "fue como si fuera el festejo de todo el pueblo", se ríe Checho.

Ahora todas las anécdotas son risas. Atrás quedaron esos días de angustia, en los que tuvo que aprender a vivir nuevamente. Se acordaba de las palabras y podía hablar con normalidad y también reírse. Pero era otra risa. Distinta a la de hoy. "Durante ese tiempo me di cuenta de que aun sin conocerlos, porque no los recordaba, había mucha solidaridad en la gente", rememora.

Y también se ríe la familia Torres, mientras comparte unos mates bajo la sombra. A medida que pasa la charla se suma el hermano mayor, Carlos, a quien desde chico llaman Caralampio, apodo que también tiene como creador a aquel DT de infantiles que bautizó a Checho.

El accidente que le provocó la transitoria pérdida de memoria a César Torres fue en abril de 2007. Pasaron cuatro años para que Checho regresara a jugar en aquella cancha fatídica del Recreativo Elenense. Lo hizo con la camiseta del Club Biblioteca La Cruz. La expectativa fue grande, aunque el contexto fue otro. "Guarda, cuidado que acá perdiste la memoria, podés perder otra cosa", le gritaban los hinchas locales. Todo en tono de broma. Lo recordaban a él. Y al acontecimiento. "Me gritaban de todo, pero con buena onda. Por más que fui con La Cruz sabían que era de Embalse y que me había pasado aquello", explica. ¿Cómo salió el partido? Ganó La Cruz. Regresó con victoria. Cuando le llegó la pelota, ya no se hizo a un lado. Todo lo contrario. Tuvo una tarde destacada. No salió en camilla, salió entre aplausos. Hasta se escuchó una canción de la Mona Jiménez en el vestuario para celebrar el retorno. Aunque ojo, él no lo recuerda bien. A propósito, todavía no se acuerda de si aquel partido de abril de 2007 se siguió jugando. Hay cosas que se le han perdido. Hay partidos recordados por todos en el pueblo, donde él fue protagonista, pero que para el Checho nunca existieron. Hay solo reminiscencias olvidadas.

De aquellos 46 días otoñales le quedó el gusto por el tenis. Incluso ahora lo juega. Recuerda ese tiempo donde debió aprender a vivir otra vez, donde notó que tenía más amigos de los que imaginó alguna vez.

"Sucedió porque tenía que pasar y, gracias a Dios, lo puedo contar como una anécdota ahora", finaliza César Torres, el mediocampista central que de un pelotazo perdió la memoria, pero que no se olvidó de cómo tratar a la pelota.

* Texto ganador del premio ADEPA 2013- Publicado originalmente en la revista *El Gráfico*.

CAPÍTULO 2

TRILOGÍA I

1 - Mono
2 - Tronquito
3 - Nahuel

LA LEYENDA DEL MONO DEL BARRIO

*"No hay una realidad, todo es
una perspectiva".
(Hebe Uhart)*

*"El rompecabezas más difícil de armar es el de un cie-
lo azul prácticamente sin nubes".*

(Bob Chow)

*"...pero la tarde que es acaso de oro
sonríe ante el curioso destino
y siente esa felicidad peculiar
de las viejas cosas queridas".
(Jorge Luis Borges)*

El Mono se sube al techo de la casa y ve todo el barrio. Casas, casitas, árboles, sierras, gente que va, gente que viene. Sonríe con esa amplia sonrisa que lo caracteriza; y empieza a repasar algunas de las tantas cosas que vivió en el popular Barrio Casitas.

Y observa a una banda de pibes escondiéndose en distintos lugares, mientras otros corren. Corren. Corren. Corren. Esos pibes están jugando y se divierten. Se ríen a carcajadas. El Mono en su mente los ve; ve esa felicidad inocente. Esos juegos que hoy parecen irreales. ¿Existirán esos juegos todavía? ¿Desaparecieron como los dinosaurios y el Liquid Paper? Existieron y se disfrutaban en aquellas calles del barrio donde el Mono y esa banda de pibes hacían de las suyas.

Él es el Mono. No, no, en su documento no dice "El Mono", dice Claudio Daniel Bazán (8 de diciembre de 1976). Pero él es el Mono. No está en su DNI, pero sí en su identidad. Alguna vez Hernán Casciari escribió que somos "el país de los apodos espontáneos". Y en Córdoba somos especialistas en ponerles sobrenombres a todos. Ya lo supo explicar Daniel Salzano: "Como cualquiera sabe, en Córdoba es imposible atravesar la barrera del anonimato sin antes pasar por la amasadora del apodo". Y en Embalse, y en Barrio Casitas, también. 'Piter', 'Rana', 'Pisa', 'Gudufla', 'Loco', 'Vichona', 'Penano', 'Pichín´, 'Beco', 'Mendocino', 'Chancho', 'Chicho', 'Naranja', 'Batata'... el 'Mono'. Es así. Forma parte de su identidad; y lo tiene asumido.

Aunque parezca que vivió toda su vida en Barrio Casitas, no es así. "Vivíamos en el campo, en Segunda Usina, Villa Cantamé. Éramos una familia humilde, no teníamos dónde vivir, éramos cuatro hermanos, mi mamá y mi papá, vivíamos con mis abuelos y se vivía del campo", relata el Mono y rememora en su cabeza cuando era un niño y tomaba la leche calentita de la vaca recién ordeñada o cuando iba con su tío al cortadero de ladrillos. A fines de la década del '80 llegó al barrio junto a la Maruca y el Carlos; y Roberto, Noelia y Lorena. Después llegarían sus otras hermanas: Erica y Cecilia.

Y desde allí se estableció para siempre en el barrio. Aunque antes era del "bajo", al lado del colegio, ahora vive en el "alto". Y desde el techo de su casa mira el barrio.

El barrio está encendido. Se escucha su habitual música de ladrido de perros. Un barrio que tiene de todo, alegrías y tristezas, amantes y amadas, amantes y amados, mentiras y traiciones, sonrisas y uniones, recuerdos imborrables, chusmeríos tradicionales, juegos y anécdotas, solidaridad y cooperación, añoranzas, nostalgias, unión y desunión. Cientos de condimentos. El barrio de un pueblo.

Pero que en aquellos años '90 tenía esa bandada de pibes que transitaban sus calles juntos, jugando a lo que sea con lo que sea. Había discusiones, pero pocas veces peleas. Alguna que otra, por supuesto, pero la mayoría terminaba, luego, en abrazos y anécdotas.

Un barrio de obreros y obreras con pibes que se cuidaban entre sí. Y que no sabían de qué se trataba lo de rendirse; solo lo habían oído en una película de Jean Claude Van Damme. Por eso hoy esos chicos, transformados en adultos, a las cientos de dificultades le ponen el pecho, pero nada de rendirse. Y como cuando eran niños y luego adolescentes el Mono era el líder, el Mono hoy sigue siendo esa bandera. "El liderazgo en el barrio se ganaba con humildad y respeto, con esas tardes donde invitaba a tomar el mate cocido con pan a mi casa. La merienda en mi casa era barrial", dice con satisfacción. ¿Rendirse? Rendirse sería dejar que la playa de Solari se viniera abajo. Y no, el Mono habló, se pusieron de acuerdo, y la playa se recuperó. Y por eso en cada verano se vuelve a jugar al vóley como cuando eran unos pibes. El viento muchas veces golpeó e hizo tambalear, pero jamás caer.

Tierra, cielo, paisaje... Barrio Casitas, barrio obrero, barrio popular, de llamas encendidas y vigiladas por San Martín de Porres.

"Se me pone la piel de gallina mientras me acuerdo".
¿Qué recuerda? Los juegos de infante.

Aunque antes hay que aclarar que Barrio Casitas tiene
una topografía particular. Posee lago, vertedero, cerros, río,
usina, tanques enormes, subidas, bajadas, escaleras, pendientes, casas chiquitas, casas grandes, casas pegadas, casas distantes, un colegio secundario, un salón gigante que
supo ser la cooperativa, un salón coqueto, que supo ser un
local bailable, luego un comedor escolar, posteriormente un
jardín de infantes... En la época en la que el Mono y sus
amigos eran unos niños, el barrio tenía tres canchitas de
fútbol. Tres potreros, pero bien cuidados.

- Hoy jugamos en la canchita de abajo, en la Usina.

- ...

- Mañana a la tarde el partido es en la canchita del correo.

- ...

- Al final nos juntamos en la canchita del Club Náutico.

- ...

- No, no, hacemos una juntadita en la rotonda de la Cooperativa.

Había para elegir. Cada canchita tenía su particularidad.
Sus trucos, sus lugares donde tomar agua, sus arribos, sus
saltos, sus escondites para salir corriendo, sus misterios y
sus secretos. Cada canchita cosechó, claro está, sus propias
aventuras.

"Se me pone la piel de gallina mientras me acuerdo",
reitera en la reflexión el Mono mientras viaja en sus remembranzas a aquellos tiempos. Y su relato vuela, vuela, vuela...
Dejémoslo volar, ya nos meteremos en la historia que nos

ocupa...

"Los juegos que teníamos en nuestra infancia los decís ahora y los pibes no entienden. Jugábamos a los dos tiros pas-pas. Era como un enfrentamiento entre ladrones y policías, nos escondíamos y si descubrías a uno del otro grupo, decías 'pas-pas'. Y empezaban las discusiones, lo dije yo primero, lo dije yo primero. También jugábamos al béisbol –se ríe–, jugábamos con una pelota de trapo. Cuando encontrábamos una pelota de tenis servía muy poco tiempo, ya que duraba una bateada y desaparecía entre los árboles o los montes, nuestro barrio está lleno de árboles y montes. En cambio, con una pelota de trapo podíamos estar todo el día jugando. También jugábamos a los tres tiros, que eran carreras de autos. Nos separábamos en tribus, y la cosa era quién hacía la mejor pista de autitos. Y eran carreritas de autos. Y nos encontrábamos con todo tipo de autos armados a mano, porque estaban los clase alta, los clase media, los pobres y, después, nosotros, que nos prestábamos los autos. Encontrábamos autos con ruedas de cada clase, algunos los hacían pesadísimos, los chicos León tenían esos autos. Eran soñados. Después había otros con autos con luces. Bueno, ese juego era con tres tiros en la pista para que avanzaran. Íbamos a distintos lugares hasta que el Loco Arce armó una pista entre medio de los filtros de las cloacas, allá abajo, era un safari, pasaban por vados, caían en chorros de agua, éramos felices en esa pista. No sabíamos que eran las cloacas. Esa era nuestra diversión... Después nos fuimos haciendo más grandes y jugábamos al cinto, había que tener un poquito de más estado físico. Uno tenía que tener un cinto y salir a buscar a los otros, al que primero encontraba le daba azotes, a los que podía alcanzar. Los azotes eran para todos, pero después salíamos contentos. Muy pocas veces nos peleábamos. Los juegos en Barrio Casitas eran así. Estaba, también, el famoso indio. Empezábamos a jugar a las diez de la noche, en verano, y terminábamos como a las tres de la mañana, salvo el Piter Aguilar y el Juan Gallardo, que se escondían en sus casas y no los encontrábamos nunca. Jugábamos como a tres kilómetros a la redonda, sin mentir eh... El Ariel Becerra y el Batata eran los más indios, tenían unos escondites bárbaros, también el Daniel Gallo que se nos fue temprano. Eran corridas por la playa, el vertedero, tirarse al río, era un juego interminable...", y sigue hablando, recordando, cientos de imágenes se le aparecen en la cabeza, recuerdos de aquellos amigos que ya no están, o los que se fueron a vivir a otro barrio, a otro pueblo, o los que siguen.

El Mono, con sus cuarenta largos, sigue viajando en el recuerdo de aquel tiempo infantil y adolescente... "De a poco nos fuimos separando haciendo equipos de fútbol, los más grandes contra los más chicos, los de arriba contra los de abajo, los del correo, los chicos que eran del barrio Epec. ¡Jugábamos en tres canchas en nuestro barrio! La cancha de abajo era para nosotros la Bombonera o el Monumental. La habíamos hecho con arcos con dos horquetas, dos olmos florecieron y había que podarlos en primavera, porque se transformaban en árbol. Uno de los arcos tenía un árbol como palo y en el medio de la cancha había otro árbol, que teníamos que esquivar. Esa era nuestra cancha, nuestros campeonatos, jugábamos por la Coca. Era el mejor trofeo que podía haber. Cuando perdíamos íbamos a tomar agua que salía del muro. Nunca supimos de dónde venía, pero era bien fresca, esa era nuestra canilla...".

***

La competencia fue algo que siempre estuvo en la identidad del barrio. Competir entre los del barrio y, fundamentalmente, competir contra otros barrios. En Barrio Casitas se hacía todo en manada. Y en manada se organizó un torneo de fútbol relámpago en la canchita del Club Náutico, que aún hoy permanece sobre la ruta. Uno de los potreros más hermosos del mundo. De un lado tiene el cerro de la Gruta y del otro el lago. Paisajes por doquier en el potrero embalseño.

El Mono y su tribu organizaron ese certamen que tenía como primer premio un lechón, y de segundo premio dos pollos.

Al lechón se lo habían comprado a don Paco González y lo dejaron en la casa de la Maruca.

Y fueron a jugar.

Partidazos se jugaron. Competir. Habían venido de varios barrios al torneíto. Estaba lindo. El equipo de Barrio Casitas que tenía al Mono entre sus filas llegó hasta la final. Y en la otra llave el finalista eran los vecinos de El Pueblito.

Entonces, previo a que se jugara el cotejo definitorio, fueron a buscar el chanchito a la casa de la Maruca. Y chan. Oh, sorpresa, el chanchito se había escapado. Puteadas al aire. Una retahíla de insultos, mientras los perros ladraban.

Vale aclarar al amigo lector que Barrio Casitas está en un cerro, y, en consecuencia, es muy complicado encontrar muchas cosas, y más un chancho asustado.

Lo buscaron por todos los lugares posibles que se podía buscar, pero llegaba la hora del partido final.

¿Qué hacemos?, se preguntaron. Y, tenemos que ir y ganar el campeonato si no nos matan, se dijeron. La final, entonces, tenía ahora un nuevo condimento. Uno inesperado. Era ganar o ganar. Pero al ganar no se llevaban ningún premio, pero sí tranquilidad. Aunque la faena no era sencilla. Los de El Pueblito habían armado un lindo equipo.

Empezó el partido.

Y los de El Pueblito miraban de reojo para afuera. El lechón no estaba. Solo estaban los dos pollos. Lo tenemos guardado, decían los de la colonia para tranquilizar.

El calificativo "partidazo" le quedaba pequeño.

El corazón al Mono y al resto les latía más fuerte que a

Burruchaga en el Azteca o a Goycochea en el San Paolo. La canchita del Club Náutico era un hervidero. La cancha era (es) chiquita. Entonces el juego era palo y palo. Gol a gol.

Y sobre el final, para alivio de todos, ganó Barrio Casitas. El alma les volvió al cuerpo y los de El Pueblito se fueron con los dos pollos ignorando que el primer premio se había escapado.

Pero la historia no queda ahí. No, los pibes no se iban a quedar sin comer el lechón. Habían transpirado sangre para ganar ese torneo. Dieron la vuelta olímpica y salieron corriendo a buscar el lechoncito. Se dividieron en grupos, pero la noche les ganó. No lo encontraron.

Al otro día se levantaron "temprano": a las 11. Sí, era temprano para ellos. Y salieron a la caza del chanchito escurridizo. También divididos en varios grupitos.

Hasta que el animal apareció.

-¡Ahí está el chancho!

Estaba en la zona del río, cerca del vertedero. Y lo empezaron a correr, pero era realmente escurridizo. Y se las hizo difícil. Pero cometió un error, en vez de seguir por el río, subió para el lado del barrio. Quizás las rocas constantes no lo dejaban maniobrar al pobre lechoncito. Y encaró para la calle que va a la Cooperativa. Los que volvían de hacer las compras en lo de la Nelly Gallo lo querían frenar. No podían. "¡Chancho de mierda!". Pobre chancho, huía por su vida... (Texto no apto para vegetarianos ni veganos, disculpas)... Todos se sumaron a la caza del pobre animal, que asustado tenía más amagues que Orteguita. Cuando estaba llegando a la casa de doña Malvina, don "Pomelo" Cejas, gaucho de La Cruz que hacía un tiempo se había mudado al barrio, conocedor de estas empresas, lo atrapó cuando el chancho quiso saltar para lo de Ladoux.

Al fin: lo agarraron.

El primer premio, como era el plan inicial, a la parrilla.

Lo comieron todos juntos en la playa del Solari, con el héroe, que no había sido el Roberto que hizo el gol en el juego ante El Pueblito, sino don Cejas que había atrapado el lechón. Sucesos de un día cualquiera...

Esa unión para hacer travesuras.

Todos en manada para tener una aventura.

Ya sea en una canchita de fútbol o en las torres del muro.

Así se crió el Mono Bazán.

Y así se los conocía a los chicos de la "colonia".

En aquellos años sucedían cosas divertidas, atrayentes, peligrosas e incluso temibles. En esos sitios diversos, con misterios, el Mono aprendió de la vida, desarrolló sus cualidades. Recorriendo las callecitas sinuosas de la "favela" aquel morochito embalseño se formó en la práctica, a poner los pies en el suelo.

***

Este relato comenzó a escribirse en octubre de 2020. El mundo está viviendo una pandemia. El COVID-19 causa estragos en la salud, la economía y la psicología. No se viven días fáciles. Mientras este texto se escribe Claudio y su esposa Lorena tienen coronavirus.

Están aislados en su casa en Embalse, en Barrio Casitas. Es que el Mono nunca se fue del barrio y formó su familia en el barrio.

El Mono ahora es padre de Celeste, Lara y Leonel. Y también, desde hace tres años, es abuelo. El nietito es su debilidad. Sí, aquel líder de la manada de atorrantes del barrio, ahora es abuelo. ¿Será como su abuelo "Paco"?

Hace unos días que no llueve. Se extraña la lluvia en el pueblo, el olor a tierra mojada. A lo lejos se observa el humo de los incendios en las sierras. ¡Qué año el 2020! Por ende, será dudoso que alguien tenga nostalgia de este presente. Pero en el laberinto que ha tramado este tiempo la rutina es difícil de romper.

Y en ese marco el Mono se propone la posibilidad de la introspección. Imágenes eternas. Espejo de agua lejano que repite esas imágenes eternas. Hoy es ayer.

***

También Claudio Daniel Bazán es un ícono del club del pueblo. Una gloria de Fitz Simon, donde logró dos ascensos y, el Apertura de 1999 en la B y el título de Primera División de la Liga Regional Riotercerense de fútbol en el 2003, venciendo en la final a 9 de Julio de Río Tercero, siendo el primer campeón de Calamuchita.

Siempre se destacó jugando al fútbol. Y ojo, no era un zurdo habilidoso, exquisito, capaz de eludir rivales con elegancia. El Mono era un tractor que subía por izquierda y era imparable. El Mono se ponía el equipo al hombro y no daba nunca por perdida una pelota. Jugaba, sí, y hacía jugar. Y corría, corría, corría mucho. Pero fundamentalmente tenía un espíritu ganador. Y con esas características hizo un carrerón en el fútbol de la zona.

Actualmente juega con los veteranos de Fitz Simon, y ya logró dos campeonatos provinciales y una liga.

En tiempos donde las fotos no se viralizaban aún por

internet, Bazán junto a otros chicos del barrio como Leo Medina, Piter Aguilar, Diego Flores y Dieguito Villalobo se hicieron "virales" en la zona. ¿Cómo? Sí, en el 2001, en ese también complicado año para el país, estos miembros de la "favela", como también se conoce a Barrio Casitas, se viralizaron por Tercero Arriba y Calamuchita porque se tiñeron el pelo de rubio, junto a todo el plantel del "Canario", para afrontar la final del ascenso de la Liga.

"Todo hacíamos en grupo. Y lo decidimos en grupo. Nos teníamos tanta fe que nos teñimos antes del partido. Algunos nos decían que estábamos locos, si todavía no habíamos salido campeones. Pero nos teníamos tanta fe. Éramos un grupo de amigos y decidimos teñirnos de amarillo para motivarnos. Sabíamos que íbamos a ganar, que íbamos a ser campeones, que ascendíamos. Fue loco porque la mayoría éramos morochos, y no por tomar sol. Fue una locura y salimos campeones", recuerda el Mono con los ojos brillosos poblados de cejas.

Fue victoria 1-0 ante Huracán de Tancacha, con gol en el segundo tiempo de otro "hijo de la favela", Dieguito Flores.

Hebe Uhart supo decir que "la vida se da en pequeños detalles".

La historia que no cuenta el Mono es que en el entretiempo el Dieguito no se sentía bien, y le dijo al "Negro" Torres, entrenador de Fitz Simon, que lo sacara. El "Negro" se negó, le dio confianza; pero el Mono, capitán del equipo y vecino del barrio se le acercó, lo habló, lo motivó, y Flores salió con todo a ese segundo tiempo.

Admirador de Ricardo Gareca, una persona vital en esta historia, Bazán jugó hasta los 42 años en el club del pueblo y llegó, incluso, a jugar dos partidos en un mismo día para Fitz Simon. Fue en Elena, un domingo que estaba enojado porque traían jugadores que no eran del pueblo como refuerzo, y a modo de protesta solo quería jugar en la Reserva, que dirigía el "Pirulo" Gil, que lo había ido a buscar a la casa. Ese domingo la Reserva ganó 2-1, él hizo un gol. Estaba chocho. Salió de la cancha, la "Chita" Gómez no había ido, le pidieron que jugara, y enojado jugó lo mismo en la Primera. Y también ganaron. Dos partidos en un día. El Mono y Fitz Simon y una relación muy íntima. Tan es así que es el jugador que más veces vistió la casaca "canaria" en el primer equipo, junto a Mario Gil y Adrián Cáceres; más allá de que él jugó en un par de etapas en Villa del Dique.

El Mono, que nació en la Clínica de Márquez, actualmente trabaja en EPEC, en la Tercera Usina. Pero viaja todos los días. No se va del barrio. En la empresa provincial entró siendo un pibe y aprendió muchísimo, más allá de que al comienzo le temía un poco a la electricidad.

Hay tardes que cuando regresa de trabajar y está cansado, sube por la escalera giratoria hasta el techo de su hogar. Se queda mirando el paisaje, mirando la pileta que lo acompañó de niño, la pileta más bella del mundo, la pileta más grande de Córdoba: el lago. Ve ese espejo de agua y descansa recordando aquellos tiempos donde se pasaba el día en la playa del Raúl Solari. En esa playa donde solía ir a desayunar con el Adrián Cáceres galletitas con picadillo y después se quedaban a comer alguna carpa, un guiso o un estofado con el Raúl. En esa playa que, en el 2019, al verla venirse abajo, decidieron entre varios amigos-vecinos-compinches-cómplices del barrio, sin pedir un peso a cambio, recuperarla. Y la dejaron espectacular y las familias del barrio regresaron y la canchita de vóley volvió a tener vida.

El discurrir de sombras del pasado parece interminable... tirarse de la Torre, acompañar hasta la gruta a los jubilados turistas del trencito, jugar a la mancha en el lago, caminar hasta el centro, nadar frente al vertedero, el 25 en la Biblioteca, comer en la Cristal... el sendero invisible desciende suavemente hacia el río. Juegos y más juegos, aventuras y más espacio para encender el viejo televisor de los recuerdos y sintonizar el canal eterno de las nostalgias.

El exquisito silencio le suele provocar sonrisas privadas, como si al observar la ventana espera que Peter Pan lo pase a buscar para llevarlo jugar. Sonríe. Pero ya no será; ahora es abuelo y los juegos son con su nieto.

No hay reproche. Hay presente. Ese tiempo se terminó...

Finalizó físicamente. Pero jamás en los recuerdos. Allí ese tiempo sigue vivo.

Por eso se sube al techo y contempla. Árboles y tejados. Desde ahí, también, ve su casa de niño, ve a su papá arreglar una pirca y a su mamá regar las plantas. Desde ahí ve a mi mamá charlando con la Bety. Desde su techo ve a viejos amigos pasar caminando o a los hijos de sus amigos andar en bicicleta. Es su lugar. Por eso, nunca se fue, y tuvo la posibilidad.

¿La tuvo?

***

Ricardo Gareca asumió en Talleres en el año 1996 tras la salida de Osvaldo Sosa. Al tiempo, el plantel albiazul fue a realizar parte de su trabajo de preparación a Embalse. Se hospedó en el Hotel La Perla. Y entre sus actividades estaba la de jugar dos partidos amistosos con equipos de la zona: Atlético Almafuerte y 9 de Julio de Río Tercero.

Días antes de la llegada del plantel de Talleres a Embalse, al Mono, que por entonces tenía 20 años, le llegó una invitación, que, en ese momento, no comprendió.

En aquel tiempo solía andar por el pueblo un personaje de apellido Arrieta, pero al que todos llamaban "Japonés". ¡Nadie se salva de los apodos!

El Japonés era conocido en la localidad como que andaba mucho en el mundo del deporte. En Córdoba solía verse con Oscar Dertycia o el propio Gareca. Era amigo de los jugadores, y los jugadores solían darle ropa que él luego vendía en los pueblos. Y uno de esos pueblos donde aparecía con vestimenta deportiva o botines para vender era Embalse de Calamuchita.

-Mirá, tengo unos botines que usó el Cocayo Dertycia en el partido... –era una de sus propuestas a los pibes futboleros que ansiaban tener uno de esos trofeos. Y los vendía en cuotas. Es decir, se hacía accesible algo que parecía muy lejano en esos parajes. Se ganaba la vida de esa forma.

Un día el Japonés se apareció por la casa del Mono a ofrecerle unos botines. Y allí apareció la invitación.

-La semana que viene va a estar Talleres en Embalse, van a hacer la pretemporada y tienen dos partidos. ¿Te interesa ir?

-Sí, estaría bueno ir –respondió el Mono, que le gustó la propuesta. Él se imaginó que iría a ver los partidos o a comer un asado con los jugadores. Era una gran invitación. Estaba chocho.

-Dale, el lunes te vengo a buscar... Ah, y llevate algo para jugar.

Un cimbronazo se le atravesó por el cuerpo. ¿Qué quiso decir con eso? El Mono no entendió. Y la frase se le repetía a cada rato por su cabeza: "Ah, y llevate algo para jugar". ¿Cómo algo para jugar? Un sinfín de preguntas sin respuestas le ametralló la cabeza esa noche mientras dormía en la casa 23/24 de Barrio Casitas.

Claudio Bazán hacía muy poco tiempo había entrado a trabajar a la Municipalidad, a través del PPP (Programa Primer Paso), en el vivero municipal junto a otros dos más del barrio, Orlando Chávez y Gustavo Aguilar. Ganaba 200 pesos al mes. Con eso alcanzaba para darle una mano a sus padres y la salida a Over Lake los sábados.

No era de tener los mejores botines, ni las mejores vestimentas deportivas. Nada de eso. Es más, en ese momento, no tenía botines. "¿Qué habrá querido decir el Japonés con eso de llevar algo para jugar? Inocencia de un pibe de pueblo. No se planteaba el futuro. El futuro era algo lejano que no proyectaba, era como mirar el sol de frente. Miraba, sí, pero pestañeaba y desviaba la mirada.

Y llegó el famoso lunes.

Y después de la siesta apareció el Japonés.

En el auto estaba el Japonés. Y junto a él estaba Mario "Chulo" Gil, que tenía en sus manos un botinero y una sonrisa de oreja a oreja.

"Yo tenía una vergüenza, un miedo, no se sabía a qué íbamos", relata el Mono, que subió al auto, atrás dejó el barrio y fueron hasta el Hotel La Perla. Los hicieron pasar. El Mono y el Chulo no se despegaban. Les dijeron que pasaran al comedor y se sentaran en una de las mesas.

"Nunca en mis 20 años había visto una merienda así. Nos sirvieron medialunas, tostadas con manteca. Para mí era todo inusual. Había una jarra grande con yogurt, tenía frutillas con cereales. Ya eso superaba todo", narra aún sorprendido. Se nota en su voz.

De pronto empezaron a bajar los futbolistas profesionales de Talleres, todos vestidos con ropa del club. Había dirigentes que se reían, jugadores que hacían bromas, los que comandaban esos chistes eran los hermanos Graieb, que le habían regalado al venezolano José Hernández un CD de la Mona Jiménez, y el volante los escuchaba en un walkman y bailaba mientras los mellizos lo vitoreaban.

El Mono y el Chulo miraban asombrados todo lo que sucedía. Pero hubo algo que a Bazán le llamó la atención. "Apareció un nene de unos 16 años, no sé, enojado. Se quería ir a la casa, lloraba, se quería ir, decía que no quería estar más ahí. Estaba disconforme. Yo veía, ni hablaba, el Chulo tampoco. Ese chico era Pablito Cubas, que después jugó en la Primera de talleres, Independiente...", cuenta Bazán en su relato de esas horas de mucha incertidumbre y sorpresas para él. Y más fue su asombro cuando apareció el utilero después de merendar y le dio a él y a Gil ropa de Talleres. Remera, pantalón, medias. El Japonés le había prestado unos botines, que después se los terminó vendiendo, y le dijeron que se preparen, que en un rato salían para la cancha. Y fueron a jugar frente al Atlético Almafuerte. Sí, sí, leyó bien, el Mono y el Chulo fueron a jugar con Talleres contra los "Loros". De eso se trataba el "llevate ropa para jugar". Era literal.

Y ya en el partido se encontraron en el banco de suplentes junto a un arquero, que en ese entonces era poco conocido, que decía iba a estar muy difícil que pudiera atajar. "Burela la rompe", repetía. Ese arquero que parecía tímido y que veía un futuro desconcertante, años después se transformó en ídolo de Talleres, logró ascensos, campeonatos y popularidad. El Mono estaba sentado al lado de Mario Cuenca.

'Súper Mario' había llegado a la "T" en 1995, era el suplente de Rodrigo Burela, que en 1997 dejó la institución de barrio Jardín.

"También con nosotros, en el banco de suplentes, estaba Dieguito Garay", dice el Mono todavía sorprendido, mientras recuerda esas horas intensas donde en el terreno de juego el tucumano Zelaya hacía de las suyas.

-¡Pibe, preparate, entrás vos ahora! –le gritó el "Tigre".

El corazón le latió tan fuerte. Bumbumbumbum-bum-bumbumbumbum.

Se jugaban 20 minutos del segundo tiempo. Y el zurdito ruludito entró. Se acomodó en el lateral. Mostró firmeza en la marca, salió tocando con sus compañeros… jugó al fútbol. Ya no era el juego de la pelota. Era fútbol. No estaba jugando con sus amigos del barrio... ¡Estaba jugando para Talleres!

Bumbumbumbumbum... bum... bum... bum... y el ritmo cardíaco de pronto se acomodó. Los nervios del inicio se fueron diluyendo. Hasta donde podía. Entonces cortó un ataque rival, y encaró por la izquierda, se proyectó, como lo hacía en Fitz Simon, eludió rivales por izquierda y pasó el mediocampo, y buscó una sociedad; se le acercó un compañero, le dio el pase, era un jugadón... pero se acordó que estaba en Talleres, no era el "Canario", y en vez de seguir en ofensiva, optó por regresar.

Cuando retornó se le acercó Julián Maidana. El gran defensor de la "T", que años después se inmortalizaría en el hincha albiazul con un gol que le dio un título internacional a la "T", le habló al Mono, al chico de la casa 23/24 de Barrio Casitas.

- Pibe, no, vos pasás y terminás la jugada. No te tiene que importar lo que pasa atrás, para eso estamos nosotros que te vamos a relevar, a proteger. Vos tenés que seguir la jugada hasta el final –le dijo Julián. El Mono lo miró tímidamente, hizo un gesto de comprensión. Fue un consejo que le duró toda su carrera futbolística y que él mismo, luego, cuando pudo, se lo traspasó a sus compañeros más chicos. Un consejo que el Mono todavía guarda como una piedra preciosa. Fueron 288 palabras que nunca más se olvidó.

Después del partido se fueron a comer con el plantel de Talleres, todos juntos, en el restaurant que estaba al lado de la YPF, ahí, en Almafuerte. Había mucha gente. Muchos ex jugadores de Almafuerte que miraban al Mono y al Chulo y los reconocían del pueblo vecino, y los miraban como preguntándose qué hacían estos pibes ahí. Y los rumores comenzaron a regarse por la zona.

"Ellos no entendían qué hacíamos ahí. Nosotros tampoco", reflexiona Bazán, sincero.

A los dos días, otra vez entró el auto del japonés al barrio. Subió la cuesta y estacionó frente al Colegio Secundario Mariano Fragueiro. También, a la misma hora, después de la siesta. Nuevamente el Mono subió al auto y saludó al Chulo, y los tres volvieron al hotel La Perla. Ya sin tantos asombros merendaron junto al plantel y luego viajaron a Río Tercero con ropa albiazul para enfrentar a 9 de Julio.

El que la rompió esa noche era un atacante juvenil llamado Lucas Valdemarín. En Talleres tomaron nota. Al tiempo ese delantero RioTercerense recaló en las inferiores de Vélez Sarsfield.

Al término del partido el "Tigre" Gareca habló con ambos embalseños.

-Los dos anduvieron muy bien. Me gustaron. Pero, lamentablemente, no tengo autorización de llevar a ninguno. Una pena. Los dos tienen condiciones.

Palabras más, palabras menos, eso fue lo que les dijo el técnico del plantel superior de Talleres. Al término de esa charla le pidieron una foto. Los tres posaron mientras Manolo Gil los retrataba. Ah, el "Tigre" también les dijo que la ropa se la quedaran, era un regalo del club.

El Mono no se quedó con la ropa. Al tiempo se enteró que un vecino de El Pueblito andaba vestido con la misma indumentaria. El Japonés se la había vendido.

El chismerío del pueblo contó durante mucho tiempo que el Mono nunca se quiso ir del barrio. Que él había desistido de irse a Córdoba con Talleres. "Al Mono no lo pueden sacar de su banda de amigos, anda para todos lados con esos chicos. Se lo perdió; qué pena", decían las "lenguas largas".

Y, entonces, si me permiten, entro en el relato. Claudio Daniel Bazán era mi vecino. Yo vivía en la casa 25, al lado de la suya. Nosotros, los pibes del barrio, estábamos emocionados de ver al Mono Bazán llegar vestido con ropa de Talleres. El Mono, el que jugaba con nosotros en la canchita de la Usina, el que hacía goles en la canchita del correo, el que organizaba los campeonatos en la canchita del Club Naútico, el que separaba si alguien se peleaba, el que hacía bromas, pero se hacía respetar, el que nos cuidaba a nosotros, los más chicos, estaba vestido de Talleres. Estábamos chochos, emocionados... uno de los nuestros con ellos.

-Mono, nunca te pregunté en todos los años que te conozco, pero se dijeron muchas cosas en el pueblo sobre que no te quisiste ir a Talleres... ¿No te quisiste ir?

-Es que no, no fue así. Años después me enteré por una conversación que en realidad al Chulo y a mí nos llamaron para que fuéramos a probarnos a Córdoba. Parece que al Japonés le habían dicho que teníamos que ir. Yo no tenía teléfono. No teníamos plata para ir a entrenar, íbamos caminando, menos para comprar un teléfono. Me enteré que hubo una posibilidad de ir... A mí nunca me dijeron nada, nadie me hizo llegar la invitación para poder probarme... No recuerdo que a esa edad yo conociera Córdoba, no recuerdo haber ido. Esos tiempos de antes eran crueles, donde no te llegaba como ahora un llamado al instante. Te podían llamar, no te enterabas y el mundo seguía andando. Y siguió andando. Pero no me hubiese ido. Estoy seguro, a esta altura, que no me hubiese ido, porque no tenía plata, no tenía gente que me bancara. No hubiese tenido plata para viajar a Córdoba a probarme o para una estadía. Me acuerdo patente de Gareca, lo veía como se ve ahora, con la seriedad que siempre tuvo, con disposición. Yo lo veía como un hombre grande, pero él debe haber sido joven en esa época. Me acuerdo que nos habló, nos abrazó, nos comentó que estaba interesado en nosotros, que nos había visto bien, que teníamos buen futuro, pero que no lo dejaban llevar a nadie. Pero estoy seguro que no me hubiera ido, éramos muy unidos acá en el barrio. No creo que me hubiese ido a otro lado... No puedo decir que estoy arrepentido porque tampoco me enteré de aquel llamado en ese momento, me enteré después que sí estaban interesados, pero nadie me dijo nada. El Japonés debe haber dicho, a este no le sacamos un peso jajajaja, y otros no iban a poner plata por alguien que no era su hijo, y lo entiendo...

-¿Qué te decían en tu casa, tu familia?

-Me acuerdo que mis abuelos estaban contentos porque había jugado para Talleres. Fue una invitación especial para jugar con Talleres, nada más, quedó ahí, quedó en eso... Mi hermano Roberto sabía cómo era el tema, pero la tenía clara, que era imposible llegar a algo sin plata. Eso lo sabíamos. Así fue nuestra vida. Nosotros sabíamos que veníamos de abajo... Pero la vida nuestra la disfrutamos a pleno. Alguno dirá que fuimos pobres, que no teníamos auto, pero tuvimos una infancia muy feliz. No necesitábamos un celular para ser felices. No nos hacía falta una pelota Adidas para jugar al fútbol, nos las arreglábamos con una pelota de trapo, jugábamos al 25 en las escaleras de la Biblioteca. Así era en Barrio Casitas. Para divertirse solo hacía falta que uno se hiciera el indio y todos salíamos a correr y estábamos horas y horas jugando.

La leyenda decía que el Mono no se quiso ir a Talleres. Y era fabuloso creerlo. Los pibes en el barrio se lo imaginaban en la misma formación con el "Potro" Astudillo, Garay, la "Chanchita" Albornós y el "Cachi" Zelaya. Sin embargo, el Mono se encargó de ponerle claridad al mito. ¿Habrá sido así? Liviana pregunta.

Estaría bueno no creerlo; perdón, Mono, por ponerlo en duda, pero estaba bueno decir que no quisiste ir y seguir imaginándote que debías estar con esos cracks. Amarga saliva de la injusticia.

Se tarda un segundo en decir adiós. Pero muuuuuuuuchas horas en pensarlo. A veces decir adiós es un alivio, pero la mayoría de las veces provoca dolor. Y no siempre decir adiós está bueno. "La sabiduría consiste en valorar aquello que tenemos", suena a frase cursi, pero es real.

Amigos, recuerdos, anécdotas, aromas, sonidos, subidas, bajadas, playa, vertedero, cerro de los enamorados, gruta, usina, mástil, la Cristal, la bomba, el tanque, la cooperativa, la cabina telefónica, el muro, el puente, la rotonda, la cancha de bochas, el Pocho, la Pila, el museo, el Fragueiro, la Esther Sánchez de Rouviere, la biblioteca, las escaleras, la Luisa, la Tere, la Malvina, la Carmen Cortez, doña Julia, don Godoy, don Pugliese, el Coco Arismendi, el José Arismendi... madre, padre, hermano, hermanas, esposa, hijas, hijos, nietos, cuñados, tíos, tías, compañeros...

El Mono Bazán es todo lo contrario a ese triste poema de Philip Larkin. En 'Lugares, amores', el británico se lamenta de no haber "encontrado el lugar del que pueda decir este es mi sitio, aquí me quedo".

El Mono fue el capitán en el barrio. En ese barrio donde todavía vive, donde es su sitio, donde se quedó; y cuando se sube al techo contempla y evoca. Tiene que ser amor porque, el barrio, a veces, duele.

TAN CERCA, TAN LEJOS; TANTA LÁGRIMA, TANTOS SUEÑOS

"...puede que sea otra víctima del azar".
(El viaje de Álvaro Rousselot, Roberto Bolaños)

"En un partido de fútbol caben infinidad de novelescos episodios".
(Alejandro Dolina)

Llorando. Estaba llorando en una habitación de un hotel de Rafaela.

Lloraba de impotencia.

Tanto sacrificio... ¡Tanto sacrificio, tanta mierda!

Tantos sacrificios de su mamá Norma, de su papá Luis, de su hermano Luisito... de él...

"¡Por favor, por favor, déjeme jugar!", le suplicó al doctor.

En *La Voz del Interior* y en *La Mañana de Córdoba* se anunciaba que él debutaba.

En *Sucesos Deportivos*, en *La Mesa del Fútbol* y en *Córdoba Deportiva* lo daban como titular.

Pero él lloraba, solo, en una habitación en Rafaela. Por la ventana solo se veía oscuridad. Y una pared blanca, donde las sombras parecían agrandarse. ¡Qué impotencia! Tan cerca, tan lejos... tan... tan...

A varios kilómetros de esa habitación santafesina, en Embalse todos estaban pendientes. El partido lo pasaban por TyC Sports... El "Tronquito" López iba a debutar en la Primera de Belgrano.

La vida del futbolista... Suspiros por doquier cuando se habla de la vida del futbolista... No todo es como muestran en la TV. El jugador de fútbol es observado como alguien privilegiado que vive una vida de ensueño. Pero no es tan así. Son muy pocos los privilegiados. Hay miles y miles que sueñan, que se sacrifican, que luchan, que laburan por lograrlo, y a veces una lesión interrumpe todo y después se hace cuesta arriba. Hay miles y miles que a pesar de todo siguen y siguen, no se dan por vencido, y siguen, y siguen, se mueven por la pasión a pesar de lo que dicen desde las tribunas los que no saben nada de nada de lo que es remarla; y siguen y siguen... y siguen... como Mauricio López.

Belgrano visitaba al Atlético de Rafaela. A él ya le habían dicho que sería titular. López debutaría en la Primera junto al pibe Walter Roldán. Era la Octava fecha del torneo Clausura de la B Nacional. Toda la semana se habló del debut de este delantero que llegaba desde Universitario, donde había sido campeón en la Liga Cordobesa, tras formarse en las inferiores de Quilmes y un paso por Defensa y Justicia.

"El pibe López maneja muy bien la pelota y puede arribar por el costado y sumarse al ataque", declaraba Ernesto Sosa, uno de los entrenadores del elenco de barrio Alberdi, explicando sobre las características del volante ofensivo que iba a jugar por izquierda.

Pero ese 20 de marzo de 2003 cuando el "Pirata" y la "Crema" empataron 1-1 con goles de Luis Fabián Artime y Rubén Darío Forestello, Mauricio López no jugó. Ni en el banco estuvo. Vio el partido desde la platea con un dolor en el corazón, anhelando volver a tener otra oportunidad.

Pero pasó el tiempo y esa oportunidad no volvió a aparecer. Tan cerca, tan lejos, tantas broncas e impotencias.

En el Celeste compartió plantel con jugadores de mucha trayectoria como el "Luifa", José Luis Villarreal, Darío Alaniz, "Luigi" Villalba, Cristian Favre, Marcelo Pontiroli... Aunque suene increíble, la dupla Jorge Guyón-Luis Sosa hasta ese partido en tierras rafaelinas llevaba 20 partidos como técnicos de Belgrano sin haber podido definir un esquema de juego y mucho menos consolidar a 11 nombres.

-Fue una pena muy grande –confiesa con cierta melancolía. En su voz se nota que esa evocación no es agradable. Esa semana fue una vorágine de emociones, donde pasó de la alegría y palpitaciones por ver su sueño tan cerca, a una amargura tan grande de difícil explicación. El equipo no venía muy bien. Guyón y Chiche Sosa cambiaban y le encontraban la vuelta al equipo. En ese partido se empató con gol del Luifa. Y después no perdieron por varios partidos seguidos y no se tocó más el equipo. Si hubiese jugado ese partido, seguro agarraba continuidad...

Pero no jugó ese partido debido a una lesión. El villamariense Franco Amaya ingresó en su lugar.

-El jueves a la noche el doctor pasó por la habitación porque sabía de mi lesión en el gemelo, era en la parte de adentro. Era todo el gemelo. Me lesioné en un partido preliminar ante la Primera local, el hermano del Pachi Bustos, me acuerdo que me lesionó. ¿Qué pasó? La patada en el gemelo, me contaba el doctor, la sangre machucada no tiene para dónde irse, entonces agarró para el lado de la tibia y se me inflamó. Esa semana me dicen que iba a jugar, entonces estaba todos los días con el masajista, el peruano Carlitos Arbulú, que me hacía llorar, me hacía ver las estrellas. Cuando Chiche Sosa me dice que voy a jugar de titular, que me iban a probar el miércoles, le dije que estaba bien. Y era mentira, me dolía hasta el alma. En la práctica de ese miércoles me puse medias bien altas, jugué, gracias a Dios no pasó nada. Pero el jueves, ya en Rafaela, a la noche pasa el doctor por la habitación. Me acuerdo que hacía calor y yo estaba tapado hasta la cabeza para que no me vea el doctor. Me había estado poniendo hielo a cada rato para que se desinflame un poco. El doctor entró y me dice que lo dejara ver la pierna. No, no, estoy bien, le decía yo. Insistió y lo tuve que dejar ver. Me apoyó el dedo en la tibia y se hundía la tibia. Estaba muy inflamado. Me dice que no iba a poder jugar. Y yo me largué a llorar, le decía al doctor que era la oportunidad que estaba esperando desde hacía años, por favor. Pero no, no, no te puedo dejar jugar, decía, si en la primera jugada te pasa algo te echan a vos y me echan a mí, no puedo arriesgar mi laburo, ahora voy y le digo a Guyón que no te va a poder usar. Imaginate la tristeza que me agarró... La amargura. Me largué a llorar. Después en la platea estaba amargado y sí grité el gol del Luifa y todo, pero... También me quedé tranquilo porque me fueron a hablar, Chiche Sosa me dijo que me iban a dar una nueva chance, y nunca me la dieron.

"...los malos recuerdos son, más que otra cosa, el ingrediente natural de la experiencia", escribió alguna vez Hernán Casciari. Malos o buenos recuerdos. Todo hace a la experiencia. Esperanzas y desesperanzas. Luna, penumbra, sombra. Desánimo. Palabras que van, palabras que vienen. Palabras que aún resuenan en sus oídos. "Recuperate, vas a tener otra oportunidad". Tiempo, destiempo. Oportunidades. Memoria. Olvido. Promesas cumplidas, promesas incumplidas...

-Me dijeron, recuperate tranquilo. Si te íbamos a dar la oportunidad es porque tenés condiciones-. Después me recuperé, pero nunca más tuve esa oportunidad, ni de jugar, ni de ir al banco. Después se fueron Guyón y Sosa, vino

Labruna, hice la pretemporada, trajeron muchos jugadores y no me renovaron el contrato...

El maestro de periodistas (y de la vida) Ariel Scher escribió en *Contar el juego* que "si no se entiende que esto es una pasión, y las pasiones son bastante inexplicables, no se entiende nada de lo que pasa en el fútbol".

Y Mauricio López siente pasión por este juego desde que era un pequeñito en su barrio Las Flores natal, allá en Embalse, y tenía un corte de pelo a lo Carlitos Balá. Y esa pasión inmarcesible la fue regando sin importar los tropiezos o sinsabores.

Se quedó sin club y el libro de pases había cerrado. Esas cosas que nadie te cuenta del fútbol, que te dejan libre sin tiempo para salir a buscar trabajo; porque por más que el hincha aún sigue sin entenderlo claramente, jugar al fútbol es un trabajo. Y quedarte sin trabajo es una de las cosas más horribles que puede existir. Mauricio se quedó sin laburo, pero no se quedó en la lamentación. Tocó puertas, y una de ellas fue la de Diego Torres, ex compañero en Quilmes. Se abrió una puerta. Quizás no la esperada, pero era una puerta que necesitaba. A Bragado, a jugar en el Torneo Argentino B.

-Fui, arreglé y jugué. Llegamos a cuartos de final, jugábamos contra El Linqueño, y me pegaron un patadón en el tobillo. Tuve rotura de la capsula articular, y una osteocondritis que se me complicó muchísimo. Estuve un año y medio sin jugar, con seis meses sin poder apoyar el pie.

Tan cerca. Tan lejos. Tanto barro. Tanta bronca. El fútbol. Tantas veces le dijeron ya está con la pelotita, buscate otro laburo. Tantas veces dudó. Tantas veces lloró. Pero, así como tantas veces se cayó, mucha más se levantó. Se recuperó, volvió a jugar al fútbol. "El destino es la fuerza estética de lo incompleto y abierto", escribió César Aira en Ema, la cautiva. El "Tronquito" hizo una carrera en el ascenso, en ligas regionales, en torneo argentinos, anduvo por todo el país, dio vueltas olímpicas, hizo amigos, conoció buena gente, y también de la mala; hizo goles, dio pases, abrazó en festejos, miró al cielo, celebró, perdió, empató, ganó, jugó al fútbol; quizás no como lo soñó de pibe, pero hizo su carrera. El sol brilló con intermitencias en su periplo futbolero. Se ganó la vida jugando al fútbol; aunque no en la elite como anhelaba. Sintió sensaciones ambiguas cuando vio al "Chori" Domínguez o Germán Denis, compañeros de él en la '81 de Quilmes, jugar en los grandes estadios. Pasó el tiempo, masticó bronca, hace tres años que dejó el fútbol, por ahí se prende en algún picado, cuando su laburo de guardia en un country en Buenos Aires se lo permite. Aunque hay noches, en esas noches largas de sereno o de insomnio, donde recuerda cuando le pedía al doctor que lo dejara jugar. Hay noches donde sueña que entra ante Atlético de Rafaela y debuta como futbolista profesional con la casaca de Belgrano. Y qué hubiese pasado si... Nunca lo sabrá, ni lo sabremos... Tan cerca, tan lejos.

El crack de la '81

"...el tiempo minúsculo, que corre entre un golpe de corazón y el siguiente...", volvemos a Aira.

Volvemos. Volvemos al inicio. Volvemos a Embalse. Volvemos al génesis. Volvemos para avanzar. Volvemos a esas tardes de otoño en la que el sol comienza a despedirse más temprano, y los picados se resolvían mientras en el aire había aroma a pan casero, y los nervios de los pibes ante el inminente final del juego se mezclaban entre gritos de "gol, gana" y el ladrido de los perros...

-Mi barrio era y es el más lindo de todos —se ríe. Mauricio López es oriundo de barrio Las Flores. Vivió en una casa que está justo en una esquina, Aconcagua 290, a unos metros del secundario-. Y ahí jugábamos en la canchita del barrio. Jugábamos con mi hermano Luis. Recuerdo al Nachito Duarte. Una banda éramos. Estaban mis primos los Sapos Yedro, el Andrés Oviedo, Guille Conte, Chupa Villafañe, José Oyarzábal, el Pachi Olmedo, el Joaquín Chanquía y varios más —y los recuerdos se trasladan a partiditos en el recreo de la Belisario Roldán o algún picadito en el Mariano Fragueiro. Y por supuesto, en Fitz Simon. Le gusta tirar nombres. Darle nombre y apellido, o apodo, a aquellos que fueron forjando su historia desde infantes-. En Fitz Simon jugué desde los 5 hasta los 17 años. Yo era clase '81 y recuerdo que teníamos un equipazo, que por esas cosas del fútbol nunca pudimos salir campeones. Atajaba el Guille Pecocvich. Jugaba Guille Conte, el Penano Villalobo, Aléxis López, el Negro Ignes, Marquitos Vélez, el Tigre Véliz, Chupa Villafañe, Lucas Rosales, Abel Jiménez... Después debuté en la Primera de Fitz Simon a los 15 años, con el Hugo Molina como director técnico. En Primera jugué hasta los 17 años, hasta que me fui a Quilmes —rememora. Irradian las palabras. Esta parte de su historia la describe des-pa-cio-con-tiem-po, como si fuera en cámara lenta, un tiempo donde la alegría por jugar era, justamente, alegría, y el horizonte de lo imposible parecía posible, al alcance con su talento.

El 23 de enero de 1999 el "Tronquito" López se fue de Embalse. Su fútbol veloz, desequilibrante y ofensivo provocaba que todos en el pueblo se imaginaran que tenía un futuro en el fútbol grande del país. Desde chico se destacaba en aquella recordada clase 1981 del "Canario", siendo convocado habitualmente a la Selección de la Liga de Río Tercero.

En los años previos estuvo cerca de sumarse a Newell's Old Boys de Rosario. Las primeras veces le dijeron que les gustaba su juego, pero su contextura física los hacía esperar. Mauricio siguió entrenando, creando musculatura. En 1998 volvió y los rosarino dijeron que esta vez sí, lo querían. Pero en ese tiempo se enteró que en Alta Gracia se iba a realizar una prueba para Quilmes. El embalseño fue, se probó y gustó.

Hubo reunión familiar. Muchas preguntas. Muchas dudas. Y, finalmente, decidió ir al "Cervecero".

-Creí que en Quilmes iba a tener más chances de llegar a Primera que en Newell's –confesó López. Entonces, en el verano de 1999 tomó el colectivo en la vieja terminal de Embalse, donde lo fueron a despedir madre, padre, hermanos, tíos, primos, amigos. Fue una despedida muy emotiva. Y él tenía "un cagazo" importante. Se iba del pueblo y eso ya le provocaba algunos miedos. Dejaba el lugar donde era elogiado fin de semana a fin de semana por su juego para empezar de nuevo y soñar con ser profesional y regalarle a su familia una casa. Por eso fue emotivo. Tomó el colectivo con un bolso lleno de ilusiones, miedos y esperanzas. Un bolso lleno de sueños futboleros. No fue fácil. Nadie le dijo que iba a ser fácil. Pero tampoco tan difícil. El cambio era grande. Embalse, Quilmes. No solo cambiaba de club, de nivel, sino de ciudad. Y extrañaba mucho. -Pero igual mi idea y mi meta estaba fija –aclara. En Quilmes estuvo dos años. Luego un año en la Primera de Defensa y Justicia. Entrenó con el plantel profesional del "Halcón", pero no tuvo la chance de debutar, quedó libre y retornó un tiempo al pueblo. Pero ahí nomás le surgió la posibilidad de ir a prueba a Talleres, entrenó un mes con el plantel profesional que conducía Mario Ballarino, lo tuvieron que sí, que no, que sí, que no, y al final no quedó. Un empresario lo llevó a Universitario, a jugar en la Liga Cordobesa. En ese tiempo era la ACF. "Vas a tener visibilidad, la posibilidad de mostrarte", le dijeron. Se mostró. Salió campeón. Tenían razón, lo vio Jorge Ginarte y se lo llevaron a Belgrano junto a Martín Sarandón y la "Burra" Páez. Lamentablemente los re-

sultados no acompañaron al "Gordo" Ginarte y se tuvo que
ir a los pocos partidos, tras perder un clásico ante Instituto.
Llegó, entonces, la dupla Guyón-Sosa. Le costó ganarse un
lugar. No lo llevaron a la pretemporada, trabajó en la isla
de los patos junto a los que no iban a ser tenidos en cuenta.
Pero Mauricio siguió, siguió... siempre siguió a pesar de las
adversidades. Perseverancia por su sueño. Siguió y siguió
y en la primera fecha del Clausura, ante Juventud Antoniana concentró y estuvo en el banco de suplentes. Un par de
partidos más estuvo firmando planilla. Hasta que llegó esa
posibilidad de la octava fecha antes referenciada. Tan cerca,
tan lejos. No pudo debutar, se recuperó de la lesión, pero
no volvió a tener esa oportunidad que le habían prometido.
"Tuve una mala suerte muy grande", se lamenta aún hoy,
casi dos décadas después. "Fue una pena muy grande", continúa repitiendo.

La arenga del Diego

Mauricio López jugó en Fitz Simon de Embalse, Belgrano de Almafuerte, Quilmes, Defensa y Justicia, Universitario, Belgrano, Bragado Club, Sportivo Bragado, Deportivo
Argentino de 30 de agosto, Once Tigres de 9 de Julio, Apia-
dero de Saladillo, Sol de América de Formosa, Biblioteca
de La Cruz, Sportivo Alsina de Chivilcoy, Rivadavia de
Chivilcoy y Florencio Varela de Chivilcoy y Defensores del
Este de Pehuajó... pero a principio de noviembre de 2010
vivió un sueño que no estaba ni siquiera en sus más inima-
ginables sueños.

A través de un técnico que había tenido fue recomenda-
do a unos empresarios que estaban armando un equipo para
llevar a China. El embalseño fue a una prueba, gustó y tuvo
su primera experiencia arriba de un avión. "Fuimos unos
13 jugadores. Fue algo inolvidable, impensado. En mi puta
vida había subido a un avión y lo hacía por primera vez en
un viaje de 30 horas. Allá llegamos a Beiging y después

hicimos dos amistosos. Uno en una ciudad que se llamaba Jinan, y el otro en Dongguan. Maradona iba a estar en estos eventos a beneficio de la Cruz Roja china".

Diego Armando Maradona llegó a China el 3 de noviembre de 2010. Es decir, hacía muy pocas horas había cumplido 50 años. En el gigante asiático el "Pelusa" tenía previsto tomar parte en una gala benéfica y estar en las ciudades de Jinan, el día 5, y de Dongguan, el día 7, para estar presente en dos encuentros amistosos con futbolistas locales. La fiebre por Maradona en China fue tal que en una subasta de hacía unos días se llegaron a pagar hasta unos 28.000 dólares para un asiento en la mesa de un almuerzo al que acudiría Diego en Pekín. El ganador de la puja, cuyos beneficios fueron a la Cruz Roja china, fue Yingli Solar, una de las mayores empresas chinas de fabricación de paneles solares.

La leyenda del fútbol mundial llegó a las 9.30. Lucía unos lentes de sol y una campera de cuero. El embalseño y la delegación de futbolistas argentinos arribaron a las 9. Estos últimos tenían que darle la bienvenida a Maradona en el hotel Sheraton. Debían hacer un cordón para que el ex capitán de la Selección Argentina en México 1986 pasara por el medio y allí una señorita china le entregaría un ramo de flores. Hacía mucho frío, y Mauricio estaba desabrigado. Mientras se estaban organizando para armar el cordón salió corriendo a buscarse una campera. Bajó por el lujoso ascensor. Y-cuando-se-abrió-la puerta...

-No lo podía creer —se ríe emocionado aún, más de una década después-. Yo me estaba cagando de frío, así que fui rápido a mi habitación a buscar una campera. Cuando bajé del ascensor, frente mío estaba él, estaba el Diego entrando. Yo y el Diego entrando. Yo tenía que ir a meterme al cordón, pero no. No, no fui. No me formé, no sé qué me pasó. Me fui con él. Todos mis compañeros me miraban y me decían, qué hacés, loco de mierda. No sé, lo vi, lo abracé y le di un beso. Diego en ese tiempo estaba barbudo, lo besé y me pinchó la barba, no me lo olvido nunca más –se ríe-. Y le digo, Hola, Diego, qué grande que sos. Y él me responde –el tono de voz sube, emocionado-. Me responde, "¿Qué haces, papá?". Los pibes me miraban. Me solté y me fui con los chicos, todos se reían.

El Diego y el Mauri. Pero, pero, pero, ese no fue el único encuentro entre ambos. Hubo otros, igual de inolvidables. Los encuentros con Maradona siempre son (perdón, fueron) únicos, irrepetibles, especiales, inigualables... Maradona es (era) de encuentros para toda la vida.

-Estuvimos los dos partidos amistosos con Diego. ¡Él nos dio la arenga de los partidos! No sabías si llorar, reír, tenías unas ganas de salir a jugar, te hacía sentir que jugábamos un Mundial. ¡Re loco! Él nos decía que no importaba si era un amistoso, que nos estaban viendo, que estábamos representando a la Argentina. Hay que ganarle a estos chinos de mierda, decía. Después se quedaba en la platea, con nosotros, nos daba indicaciones, gritaba. En los entretiempos hacía jueguitos. Había, no sé, 50 mil, 60 mil personas. Increíble. Fue un viaje inolvidable. Nunca me imaginé vivir algo así, fui a la muralla china y encima conocer al más grande de todos, que nos daba charla técnica y arengas. Inolvidable.

Historias. Vivencias episódicas en la vida de este embalseño que se raspó las rodillas en la placita de barrio Las Flores, que anduvo correteando por la playa Maldonado, que tiró caños en el Polideportivo, que alguna vez entró a Over Lake, compró en El Cisne, que recibió premios en el Tío Tom, que anduvo en bicicleta por el cerro Pistarini, que de pibe admiraba al Burrito Ortega y el Mago Capria... que sus amigos eran y son el Guillermo Conti, José Oyarzábal, Emiliano Arias, Chupa Villafañe, Pachi Olmedo, Julito Ferreyra, esos amigos de toda la vida, desde el jardín, amigos que fueron un grupo y se acompañaron, o como Leo castellano que aunque vive en Córdoba es "amigo de Embalse"... El Mauri, el que tomó un colectivo en la vieja Terminal, que hoy es la Municipalidad, y un día apareció en un vestuario de un mega estadio chino recibiendo una charla técnica del más fabuloso futbolista que pisó esta tierra de mortales.

"Te quedan tus maravillosos recuerdos", le dirá algún amigo a Mauricio cuando le agarra el bajón por no haber cumplido esos sueños que tanto tenía.

Asuntos de la vida

El "Tronquito" llegó a Quilmes en edad de Quinta división. Y no le fue para nada fácil. ¿Quién dijo que iba a ser fácil? Nadie. Pero tampoco se lo imaginó de esa manera. Siempre se había destacado jugando al fútbol. Desde pequeño con su habilidad despertó elogios, por eso llegó con 15 años a debutar en el primer equipo de Fitz Simon en la Liga RioTercerense de Fútbol. Fueron dos años en el primer equipo del pueblo. Y marcaba diferencia. Pero esa diferencia cuando llegó al fútbol de AFA con el "Cervecero" no fue tal. Esa dificultad le provocó que algunas noches el insomnio lo acompañara con el pensamiento. ¿Y si me vuelvo? Tuvo miedo, claro, a cualquiera le hubiese pasado. Miedo, no es una mala palabra. Aceptarlo y enfrentarlo genera valentía. Y esa valentía ante el miedo afrontó Mauricio.

-Me quería volver. Al ritmo que yo jugaba en la Primera de Fitz Simon, en la Liga me pasaba tres, cuatro, cinco jugadores. Pero en Quilmes no me podía pasar ni al árbitro. Claro, el dinamismo de juego era distinto. Nada que ver. Por eso me quería volver. Pasó un mes y pico, me acostumbré, empecé a entrenar bien, iba al gimnasio –relata el embalseño. Se la bancó, entrenó, siguió, el miedo comenzó a desaparecer.

Pero no fue fácil. Aun cuando ya estaba adaptado.

-En mi categoría lo tenía de técnico al Indio Gómez, que es ídolo del club. Y su preferido era Mauro Escalante. Él era el enganche. Me costó jugar. Jugaba un partido, dos, iba al banco, después titular, jugábamos dos enganches, a veces ni iba al banco, no me citaban.

Ganarse un lugar no era tarea sencilla. En la '81 de Quilmes jugó con tipos como el "Tanque" Denis o el "Chori" Domínguez. Y se enfrentó a cracks como Andrés D'Alesandro.

-A D'Alesandro no se le podía sacar la pelota. Un crack. Una vez, en un Quilmes-River, le ganamos 3-1, pero cada vez que agarraba la pelota te pintaba la cara. Era impresionante lo que jugaba, lo que la pisaba, boludo. ¡Qué hijo de puta lo que jugaba! -rememora con admiración por el "Cabezón".

El destino. La fortuna. La causalidad. El estar preparado. Aprovechar el tren. Estar en un lugar y momento adecuado.

-A mitad de ese año, no sé, junio, julio, no me lo olvido más, pasó algo –comienza el relato. Así como la mala suerte le jugó una mala pasada, esta vez, su narración nos lleva a una buena. Se nota en su tono de voz, en su sonrisa...-. Apenas llegué vivía en la pensión que estaba debajo de la platea del estadio. Después nos alquilaron una casa frente de la cancha y ahí vivíamos con los chicos. Una tarde estábamos boludeando en la vereda, y en eso sale el presidente de fútbol amateur y nos hace señas de luces. Nos cruzamos. Hace falta tres jugadores, vayan agarren los botines y crucen. Fuimos. ¿Viste esos partidos donde te salen todas? Bueno, me puso de doble cinco y la rompí. Me salieron todas. Cuando terminó, me preguntan dónde jugaba, en qué categoría, si era titular o no. Le conté que hacía tres partidos que no jugaba. Eso fue un miércoles. El viernes en el entrenamiento, va el técnico de la Reserva al predio de inferiores y le dice a mi técnico que me pusiera de titular, que me querían ver. Bueno, el viernes a la noche se largó un aguacero y el sábado se suspenden los partidos de inferiores. Ese sábado a la noche estaba re caliente. Me llaman por teléfono a la pensión. Era el técnico de la Reserva. Roberto Ridella, me acuerdo. El técnico de la Primera era Ricardo Rezza. Me dice, mañana a las 11 de la mañana tenés que estar en el estadio, vas a jugar para la Reserva, pero te tengo que preguntar, ¿te animás a jugar de 3? Porque uno está suspendido y el otro lesionado. Yo sé que jugás de volante, pero me hacés ese favor... Claro, le dije, olvídate, si me das los guantes te atajo también. Al otro día jugué en la Reserva de 3 contra Arsenal en la cancha de Racing de Avellaneda. Y desde ahí empecé a jugar de volante por izquierda en la Reserva. Mi técnico de la Quinta no entendía nada, es una historia linda porque de la nada, de una tarde boludeando en la vereda, me gané la posibilidad de subir a la Reserva y entrenar en el plantel profesional, donde compartí con el Máquina Giampietri, un crack.

Le gusta nombrar a las personas que pasaron por su vida. Cuando habla de los amigos del fútbol comienza a recitar: "Guille Conti, Tomate Ferreyra, Vaquita Valle, de Almafuerte. Gracias a Dios hice buenos amigos en todos los lugares, como el Diego Villalba en Formosa, Omar Sosa en Pehuajó, el Negro Escarpinati en Chivilcoy o Jonathan Torrecilla. También el Pelé García y Mario Lara. En Belgrano me hice amigo de Turús, vivíamos juntos en el departamento, tambíen con el arquero Germán Montoya. En Quilmes con Diego Torres, compartimos mucho tiempo con el Máquina Giampietri. Qué lindos momentos. Jugué en muchos lugares e hice amigos como Diego Barbaglia. O en Universitario con Matías Sarandón, la Burra Páez, el Negro Núñez, que después jugó en Corralito, en 9 de Julio y en Atlético Río Tercero...".

Así como le gusta nombrar a esos amigos, le gusta bailar. Baila bachata. Y escucha, desde chico, cuarteto. "El cuarteto toda la vida me acompañó, desde la cuna", exclama.

Conversamos. Él fue compañero de mi hermano el Penano. Recordamos viejos tiempos, donde él tenía pelo y yo menos kilos. Fuimos despacio por los senderos del recuerdo y de las vivencias. Pasado, presente; repasando, como escribió el maestro uruguayo Carlos Abin, "repasando tantas y tantas cosas que se nos habían ido quedando prendidas en los alambres de la vida".

-¿Te costó dejar de jugar al fútbol? ¿Qué ganaste y qué perdiste por tus sueños futboleros?

-Me costó –silencio-. Bah, no sé si me costó dejar, porque no me quedaba otra. Tengo 39 años y hace tres que dejé. Tengo el recuerdo de hace diez años atrás, a mi vieja diciendo, dejá la pelotita, hasta cuándo vas a estar con la pelotita. ¡Ponete a laburar! –se ríe-. Siempre me cagaba de risa con eso. Yo quería seguir jugando. Me decían "tenés que irte a Saladillo" y me iba. Me daban departamento, comida, te pagaban bien y vivía de eso. El fútbol me dio muchas cosas, como ese viaje a China, conocer al más grande de todos los tiempos, conocer muchos lugares, mucha gente... A todos lados donde fui dejé amigos y lugares para volver. Y no es fácil hacer amigos en este ambiente, hay mucha envidia y mala leche; pero por suerte con los valores que me inculcaron mis viejos hice amigos. Mi mamá y mi papá me acompañaban a donde iba y les decían que yo era buena persona, los hacía sentir orgullosos eso, y me dejaba a mí muy tranquilo. Me ponía contento por mis viejos. Después sí, perdí muchas cosas, a los 17 años me fui de Embalse. Volvía una vez al año a Embalse, con suerte dos, y sí, me perdí muchas cosas, salidas con amigos, cumpleaños de mis viejos, día de la madre, día del padre... Pero −hace una pausa en su relato, su tono de voz se vuelve más firme−, si volviera a nacer lo haría nuevamente. El fútbol es mi vida. Desde los tres años que juego, con el Tati Bustos, Dios lo tenga en la gloria, que me enseñó muchas cosas. Si vuelvo a nacer lo haría de nuevo, con otras cosas, porque cuando sos pendejo te pensás que te las sabés a todas. Hoy sigo entrenando solo en mi casa. Si hubiese tenido esa cabeza que tengo ahora, quizás llegaba más lejos. Porque hay un montón de cosas que ahora te das cuenta, tarde. En ese momento te creés que te las sabés todas. Yo sí tuve mala suerte con las lesiones o con no tener un buen representante, pero hubo momentos que hice las cosas mal yo. Pero ya está, ya no se puede volver atrás. Lo hecho, hecho está. Y no me arrepiento de nada, solo que, sí, cambiaría la mentalidad para entrenar que tenía cuando era pendejo.

-¿Qué balance hacés de tu carrera?

-El balance que es bueno, qué se yo, depende de qué punto lo veo. Mi idea siempre fue vivir del fútbol, ayudar a mi familia, cosas que te ponés en la cabeza; el que quiere llegar lo hace por uno y por la familia. Digo que es buena en el sentido que estuve en Primera, pero no me pude mantener. Es muy difícil competir a veces. En Belgrano estaban Artime, Villarreal, Alaniz, no tenía chances. En las prácticas los suplentes le pintábamos la cara, pero después jugaban ellos, los más grandes. Y te encontrás con muchas cosas en el camino, es muy difícil. En Quilmes nada más tuve representante. Es muy difícil mantenerte sin un buen representante. Cuando jugué o estuve en el banco es porque me lo gané.

Ese campeonato en Belgrano, el torneo donde estuve cerca de debutar, a esa pretemporada llevaron 22 jugadores a la pretemporada. Y nos quedamos siete entrenando en la isla de los patos. Tuvieron que llamar a chicos de la local para que complementen. Cuando volvieron nosotros estábamos mejor. Habíamos hecho todos los días doble turno. Tan es así que en la primera fecha ante Antoniana fui al banco, y ni siquiera había hecho la pretemporada con ellos. Ganamos 2-0 con dos goles del 'Luifa'. Después fui dos partidos más al banco, y la historia ya la conté. Pero como decía, es muy difícil mantenerse...

"Hay que ir y volver, eso sirve tanto en la literatura como en la vida", enseñó Hebe Uhart. Y así recorremos esta historia del "Tronquito" López, que saboreando los últimos soles del verano 2021, en los primeros días de marzo, recuerda sus primeros botines. O, mejor dicho, los botines que más amó. Esos botines con los que jugó en Las Flores, en el Poli o en la Jaula, o en las canchitas chicas de la zona. Esos Adidas de 25 tapones que le compraron sus padres con muchísimo esfuerzo y que le duraron como cinco años. Había que hacerlos durar. Esfuerzo. Esa palabra que le retrotrae a la remembranza de sus viejos.

-Me quedaron cosas pendientes. Al menos lo intenté. Yo reconozco que me mandé mis cagadas y en otras tuve mala suerte. Antes de irme a Quilmes, fui tres o cuatro años seguidos a probarme a Newell's. Siempre me querían, pero por mi estatura me decían que vaya al otro año a ver si pegaba el estirón. Cuando fui en el '98 ya habría pegado un estironcito, y me dicen que sí, que quedaba, que debía volver ya para hacer la pretemporada. En esos meses salió lo de la prueba en Alta Gracia para Quilmes, anduve bien y me dieron unos días para pensarlo. Lo hablamos con mis viejos y mi hermano y elegimos en Quilmes. Pero en esos viajes a las pruebas, me pagaba yo los pasajes. Mi mamá tenía la columna hecha mierda, laburó mucho desde chica, y me acuerdo patente a ella haciendo el pan casero. Vendíamos pan casero para hacer guita y poder ir a las pruebas. Me acuerdo que teníamos una chanchita de leña, y mi vieja ponía el fuentón, se sentaba ahí, por el dolor, y amasaba. Eso no me lo olvido. Por eso me duele no haber llegado para hacer plata y regalarle una casa, como hizo Tevez, que con el primer sueldo le compró casas a su familia. No pude, pero lo intenté.

El vaso medio lleno, el vaso medio vacío. Depende de cómo mirarlo. Depende del ánimo. Depende, todo depende. Al fin y al cabo, no hay una realidad, todo es una perspectiva. "Ningún hombre puede cruzar el mismo río dos veces, porque ni el hombre ni el agua serán los mismos", este aforismo recurrente de Heráclito, nos hace pensar que un día podemos creer que esta anécdota final nos deja un final feliz, y en otro momento (o para otros) un final triste. Incluso el propio Mauricio hay días que encuentra esta historia para celebrar y en otros le produce angustia. Hay tantas interpretaciones como estrellas. Vasos medios vacíos, vasos medios llenos...

-En el 2013 falleció mi vieja y no quería saber más nada con el fútbol. Después de jugar el Federal B en Formosa, me quería Talleres de Perico de Jujuy y dije que no. Le habían salido mal los estudios a mi vieja. Mi vieja falleció en octubre de 2013 y yo no quería saber más nada de nada. Entonces me fui a Embalse. Me quedé todo el 2014 a vivir en el pueblo. No quería saber más nada. En esos días me buscó Talleres de Berrotarán, Fitz Simon, pero no quería jugar al fútbol. Al final terminé jugando en La Cruz, porque el José Oyarzábal me hinchó las bolas, dale, dale, fijate el grupo. Pero yo no quería saber más nada. En Berrotarán, no sé me ofrecían, en ese tiempo, tres mil pesos por partido y terminé jugando en La Cruz por 600 pesos por partido. Pero a mí no me importaba la plata, yo estaba mal anímicamente. No me olvido más ese domingo. Me levanto temprano, jugábamos de local en La Cruz contra Belgrano de Berrotarán. Voy a comprar los fideos, quesito... Me hago la comida, bien piola y me pongo a ver el partido de la Liga Italiana. Jugaban Atalanta contra la Roma. En la Roma el capitán era Totti y en Atalanta el Tanque Denis, que había sido compañero mío en Quilmes, se cansó de hacer goles con nosotros –suspira-. Y yo me reía y tenía ganas de llorar, no sé. Me decía, 'yo me estoy comiendo unos fideos para irme a jugar contra Belgrano de Berrotarán en la B de la Liga de Río Tercero, y el culi este está de capitán jugando contra la Roma y salu-dándose con Totti' –hace otro suspiro más largo-. No sabía si reír o llorar. Me agarró una amargura...

DE LA JAULA AL OLÍMPICO DE ROMA

*"Como Tito llegó cambiado, tiró el bolso detrás del arco
y se vino para el mediocampo, para sacar conmigo".*
(Esperándolo a Tito, Eduardo Sacheri)

-Siempre que tengo la posibilidad de poder volver, vuelvo a Embalse. Me gusta mucho. Es mi lugar en el mundo. Estar en el pueblo es... Ahora hace más de un año que no voy. Estaba en Buenos Aires cuando me tuve que venir acá, a Italia, y no pude regresar antes de venirme. En Embalse tengo mis amigos, mi familia y cada vez que puedo, voy.

-Y si tuvieras que elegir un lugar dentro de ese "lugar en el mundo", ¿cuál sería, aparte de tu casa?

-El lago... Sí, el lago. No sé cómo decir. Es que el lago es ir al lago, vas, tomás un mate y listo, no tiene explicación...

Más de la mitad de su vida la pasó lejos del pueblo. Pero el pueblo está en sus genes, corre por su sangre. El pueblo está presente en todo momento a pesar de estar a miles y miles de kilómetros.

Aquel 3 de octubre de 2020 será inolvidable para él. En las horas previas estaba nervioso, se le cruzaban un sinfín de sensaciones e imágenes. Su sueño europeo estaba iniciando y atrás un largo recorrido de sacrificios, de ilusiones, de sinsabores y victorias. Dejó su Embalse natal a los once años para jugar a la pelota y hoy con 23 está jugando en la Serie A, una de las ligas más importantes del mundo y destacándose. Su debut fue en el mítico estadio de la Roma con la casaca de Udinese. Entró en el segundo tiempo. Cuando ingresó al estadio dio un paso firme. La derecha, la izquierda. La izquierda, la derecha. Pisó el césped. De la Jaula siendo un pibito al Estadio Olímpico de Roma. ESPN tuvo picos de rating en Calamuchita.

A unos meses de ese arribo a tierras ibéricas se ganó la titularidad, integró el once ideal de la Serie A algunas fechas y se habló de él para la Selección mayor.

"Es increíble lo que estoy viviendo. Mi primera temporada acá, estoy muy contento. Me siento muy cómodo. Tuve la suerte de que hubiera bastantes argentinos en el equipo y eso me ayudó a que todo sea más rápido y más fluido. A la hora de entrar a un grupo, sin hablar el idioma, tenerlos a ellos me ayudó muchísimo. Estoy contento con este presente", relata desde Italia. En Udinese, Nahuel Molina Lucero, comparte equipo con los compatriotas Roberto Pereyra, Juan Musso, Fernando Forestieri, Ignacio Pusetto y Rodrigo De Paul.

Mientras charlamos me cuenta que ya se adaptó al idioma italiano. Aunque al comienzo no fue tan fácil. "Estoy estudiando", aclara.

Para mí Nahuel es el hijo del Hugo. Más allá de que lo veamos disputado una pelota ante Cristiano Ronaldo o Ribéry. Es el hijo del Hugo y Lelia. Más allá de que haya jugado la Copa Libertadores con Boca o que haya tenido un paso por La Masía del Barcelona. ¡Nada más y nada menos! Es el pibito que jugaba en el Canario. O es el hermano del Fran. O es el hermano de Lisa. O es el hermano del Álvaro. O es el hermano de Lara...

Escribí sobre él en su momento en el viejo diario *La Mañana de Córdoba* cuando tan solo tenía 14 años y hacía poco se había consagrado campeón en las inferiores de Boca.

Después hice un texto para La Nueva Mañana cuando en enero de 2017 jugó el Sudamericano sub-20 con la Selección Argentina.

"Este pueblo de Calamuchita tuvo grandes jugadores que jugaron en sus canchas y potreros, se dio el lujo de disfrutar de futbolistas dotados técnicamente, que por distintas razones no llegaron al fútbol grande. Entonces, ese pueblo futbolero como pocos tenía una deuda. Lo sentía así, aunque nadie lo dijera. Estaba implícito. Embalse merecía que alguna vez un hijo de su tierra vistiera la camiseta de la Selección Argentina.

Sería un pecado nombrar a algunos de los grandes jugadores embalseños de sus 105 años de historia, porque, quizás, sin querer, nos olvidemos de alguno. No obstante, me permito citar a Hugo Molina. Un delantero potente, desequilibrante, con personalidad y un remate fortísimo. Destacado, sin dudas. Y el Hugo tuvo un hijo; y ese hijo de pequeño sobresalió. Y... dicen que está en los genes. En este caso, no hay dudas. Del fruto del Hugo y su esposa Lelia nació Nahuel, un morochito que mamó fútbol desde niño; y comenzó a destacarse con la casaca del club del pueblo: Fitz Simon. Pero el "Canario" le quedó chico y su fútbol de nivel lo llevó a Boca.

Fue todo un acontecimiento cuando el verano pasado Nahuel debutó con la camiseta "xeneize". Embalse se tiñó de azul y oro. Incluso los hinchas de River alentaron por el pibe embalseño que jugaba en Boca. Pero anoche fue especial. Porque esta vez no hubo "culpas". Todos unidos por el chico de Embalse.

Argentina se presentó en el Sudamericano sub-20 ante Perú. Y lo especial para este pueblo serrano de Córdoba fue que por el lateral derecho de la defensa albiceleste había un hijo nacido en sus paisajes, en sus potreros, entre los hoteles y el lago, entre los sueños solidarios y el canto a la vida. "Deuda" saldada; alegría sin igual. Hasta las viejas que no entienden nada de fútbol se sentaron, con un porrón en la mesa, a ver la tele, pero no a Moisés, sino al Nahuel. Nadie se lo perdió. Poco importó el resultado. Cada vez que la tocaba Molina, el corazón de los embalseños latió más fuerte que nunca, porque todos se sintieron que jugaban con la Selección".

Y, posteriormente, lo entrevisté para el diario *Perfil* en el 2021.

Su papá me daba consejos futboleros cuando era un niño y, esas vueltas de la vida, y los placeres que esta profesión me regaló, pude entrevistar al hijo que ahora la rompe en el Viejo Continente.

Este capítulo abarca algunas de esas notas/charlas con/ sobre él. Pero, seguramente, Nahuel seguirá escribiendo capítulos en su carrera futbolística. Y seguirá siendo un gusto cronicarla para los diversos medios donde pueda participar, y poner a su lado "el embalseño...".

-Yo juego al fútbol, no me importa la camiseta, juego a la pelota de igual forma si tengo la de Barcelona o la de Fitz Simon... –me decía en diciembre de 2012-. Me llamaron para ir a Río Tercero porque en Vecinos Unidos hacían unas pruebas, nos vieron varias veces y después quedamos y me llevaron a Buenos Aires, donde vivíamos en una pensión en San Justo. Fuimos a España, hicimos una especia de pretemporada con el Barcelona y después nos sumamos a Boca con Jorge Raffo. Vivimos en La Candela y hace unos días salimos campeones...

-Fitz Simon siempre está en mi corazón. Lo sigo por mi papá y mis hermanos. Aunque ahora Álvaro está en Talleres, pero hasta el año anterior estaba en Fitz Simon. Y ahora el Fran volvió a jugar de nuevo. Me dijo que se armó un lindo grupo, que arrancaban el fin de semana. También tengo amigos jugando ahí... -me relataba en marzo de 2021.

Fitz Simon siempre presente. En Catalunya. En Buenos Aires. En Florencio Varela. En Rosario. En Udine. Fitz Simon siempre presente.

Con un juego llamativo para su edad, desde niño Nahuel Molina Lucero convivió con los elogios por cómo jugaba a la pelota. En su Embalse natal la rompía y por eso a los once años ya era observado como una gran promesa, con el peso que esa catalogación requería en un pibe del "interior".

Así creció Molina, bajo esa mirada y tomando decisiones fuertes desde pibe. Por eso, a pesar de su timidez, se hizo fuerte en sus elecciones tanto aquella vez que dejó su pueblo precozmente para armar sus ilusiones futboleras como cuando fue noticia por haber quedar libre de Boca.

Su voz es firme. Piensa las frases. Es cuidadoso. Es precavido a la hora de dar una declaración. Conoce los sinsabores que una oración puede provocar en el ambiente del fútbol profesional. Es profesional adentro y afuera de la cancha. Por eso, hasta para dar una nota sabe que su elección tiene un peso.

Desde niño empezó a convivir con esa toma de decisiones.

Cuando tenía once años fue invitado a Río Tercero a unas pruebas que hacían en el club Vecinos Unidos de esa ciudad. Deslumbró y fue convocado a otras evaluaciones, pero a Buenos Aires. Los cazatalentos tomaron nota y quedó. ¿Dónde quedó? En la filial que el Barcelona de España tenía en San Justo. Y sí, viajó a Catalunya donde hizo una pretemporada, siendo un niño, en la famosa Masía. De ahí en más varios viajes tuvo a Barcelona donde llegó a jugar con la camiseta azulgrana. Pero era un nene. Entonces Jorge Raffo lo llevó a Boca.

Hizo todas las inferiores en el "Xeneize" y a los 17 años

debutó en la Primera con Rodolfo Arruabarrena como entrenador. Debutó en Primera el 16 de febrero de 2016 ante San Martín de San Juan. Ya no era el delantero por afuera, sino que se presentaba en sociedad en el fútbol grande como un lateral derecho con muchísimas condiciones. Selecciones juveniles, Copa Libertadores, titular en Boca, hasta que llegó Guillermo Barros Schelotto y lo que pintaba como una gran aparición de las inferiores del club porteño, se frenó. El "Mellizo" optó por jugadores más experimentados y a pesar del reclamo de la gente, no lo consideró.

Con Barros Schelotto jugó solo al comienzo, después alternó, hasta que casi ni jugó por un año. Entonces la dirigencia de Boca lo cedió a préstamo a Defensa y Justicia, donde volvió a tener continuidad, jugando partidos importantes. Pero cuando finalizó la cesión, lo volvió a prestar, esta vez a Rosario Central, y allí mostró nuevamente un muy buen nivel. Entonces cuando asumió Miguel Ángel Russo dijo que lo quería. Se hablaba que volvía para ser titular.

Pero no hubo acuerdo con el polémico Consejo de Fútbol de Boca, quedó libre y llegó al fútbol europeo. Nahuel optó por alejarse de las polémicas.

-Tengo millones de lindos recuerdos en el club. Estoy agradecido totalmente a Boca. Boca no solo me dio la posibilidad de jugar al fútbol, me dio educación, disciplina, un montón de cosas para la vida.

Su último partido en el "Xeneize" fue el 20 de enero de 2019, aunque su contrato terminó el 30 de junio de 2020.

-¿Qué significaron Defensa y Central en tu carrera?

- Los definiría como enseñanza pura. Me dieron la posibilidad de sumar minutos, que era lo que necesitaba en esos momentos. Jugué la Copa Sudamericana con Defensa, la

Libertadores con Central. Fueron un montón de experiencias nuevas, con jugadores muy buenos. Palabras de agradecimiento, me ayudaron mucho.

La dirigencia de Boca le había prometido renovarle el vínculo con números acordes a su experiencia en Primera; pero con los directivos actuales presididos por Jorge Ameal no hubo acuerdo. Hubo muchos cortocircuitos con Alfredo Cascini y Marcelo Delgado, que llevaban las negociaciones con el representante del jugador, Leonardo Rodríguez. Molina Lucero tenía un contrato de juvenil y no había una mejora. Según el cordobés le proponían "un contrato que firmaría un chico que recién sube a Primera".

Entonces tomó la decisión que hizo ruido en todo el ambiente: optó por no firmar en Boca y estar parado seis meses. Aunque hasta último momento el jugador creyó que podía haber un acuerdo. No le cumplieron la palabra. Llegó la fecha límite y no hubo renovación. En ese marco, hubo decenas de rumores: "Que se va a River"... "El Sevilla lo tiene en sus planes"... "Alavés sería su destino"... "Roma y Parma lo quieren".

Y finalmente arribó a Udinese.

-La Serie A es un torneo muy táctico, quizás el mejor en ese aspecto. ¿Sentís ese aprendizaje, que evoluciona tu juego?

-Sí, totalmente. Es muy diferente al fútbol argentino en ese aspecto. Acá el posicionamiento y el estar bien parado lo es todo, a la hora de defender y de atacar; si no estás bien posicionado en el campo podés desfavorecer a la jugada para el equipo. Es muy táctico el fútbol italiano.

-¿Y te costó al comienzo?

-En Defensa estuve con Becacecce y jugábamos con este mismo sistema de 3-5-2, y es como que ya tenía los movimientos desde ahí. Si bien cada técnico te pide cosas distintas, pero la formación es más o menos la misma. Pero al principio me costó, acá se juega mucho en línea, tenés que estar atento a no habilitar a todos, salir con la línea. Me costó hasta que me acostumbré con el entrenamiento, y se te hace costumbre.

-¿Cuál ha sido el rival que más te complicó?

-Todos –se ríe-. Todos en Serie A son difíciles, por algo están en este torneo. Pero por decir uno, Ribéry en Fiorentina… Pero, en realidad, es muy alto el nivel y tenés que estar con las luces a mil y bien predispuesto a la hora de marcar, porque marcan diferencia.

-Nombraste a Ribéry, que hasta hace unos años lo veía por TV. ¿Te genera algo especial enfrentar a este tipo de jugadores?

- Enfrenté también a Cristiano… Y sí, yo lo veía hace unos años muy lejano a todo eso, como un sueño. Ahora que estoy acá no me doy cuenta lo que voy logrando, y obvio jugar con estos tipos de jugadores que los veías por tele y ahora enfrentarlos es muy lindo. Pero a la hora del partido te desconectás.

Su victoria es también la de la paciencia y el esfuerzo. ¿Cuántas veces habrá visto la luna desde Buenos Aires añorando la luna embalseña? Pero estaba lejos. ¿Cuántas veces extrañó la familia, los amigos, el lago? Sin embargo, quería jugar a la pelota.

Amaneceres. Atardeceres. Siestas. Almuerzos y cenas. Proyecciones. Quites. Asistencias y goles.

Cumpleaños. Fiestas. Kilómetros.

Y más kilómetros.

Segundos. Minutos. Horas. Días. Semanas. Meses.

Confirmaciones. Dolores. Interrogaciones. Dudas. Certezas.

Convicciones. Pases.

Causalidades.

Noche y día. Invierno y verano. Caer y levantarse.

Colectivos. Aviones. Convocatorias. Ausencias. Acá. Allá.

Suspiros. Lesiones.

Mensajes. Llamadas telefónicas. ¿Cómo estás?

-Me fui muy chico. Ahí tampoco imaginé... A los once años, a esa edad no pensaba en llegar, quería jugar. Para mí era un juego. En ese momento era un juego. Después pasé a Boca y veía que las edades empezaban a equiparar y se empezaron a prender las luces de querer jugar en Primera. Pero de chico no lo imaginé.

Haruki Murakami escribe que "el tiempo es un factor importante en el proceso de creación de una obra"; y Nahuel con su carrera ha ido creando su propia obra. Y, no hay dudas, que el tiempo ha sido fundamental para ir forjando esta profesión. Con paciencia, como el obrero que va poniendo ladrillos. Sin embargo, él reconoce que su obra no sería tal sin el acompañamiento de su familia. Y, entonces, la voz de Nahuel adquiere una cierta melancolía.

-Mi familia, ni hablar lo importante que ha sido. Con mi familia voy a estar agradecido, porque me dieron un apoyo inmenso. Mi papá ama el fútbol, siempre estuvo atrás mío, como mi mamá. Me apoyaron en todo. Ellos son los que me hablaban cuando jugaba o no jugaba; en todas las situaciones que me tocó vivir. Gracias a ellos fui creando mi posibilidad y mis ganas por jugar.

Anhelos. Sueños.

Pretensiones. Aspiraciones.

Suspiros.

Pensamientos.

Tiempo de sembrar. Tiempo de recoger.

Amarillo. Verde. Azulgrana. Azul y Oro. Verde. Dorado.

Amarillo. Azul.

Canarios. Culés. Xeneizes. Canallas. Halcones.

Negro. Blanco. Dorado.

Albiceleste.

Esperanzas. Ilusiones.

-¿Cuáles son tus sueños en el fútbol?

-La Selección, obviamente. Me gustaría poder estar en algún momento. Y después, creo que lo mismo que la mayoría, jugar un Mundial, jugar la Champions, poder llegar a lo más alto del fútbol.

-¿Un sueño que ya cumpliste?

-Llegar al fútbol europeo. Tener esta posibilidad de llegar a Europa fue muy lindo.

CAPÍTULO 3

ELLAS

*A mi mamá, Catalina del Carmen Fernández, que dio todo
por nosotros, sus hijos.*

EL EQUIPO DEL CENTRO VECINAL

Las imágenes están borrosas, pero están. Una cancha con escaso césped. Muchos árboles a su alrededor. Un camión. Un buen marco de gente mirando el partido, y ellas sonriendo. Eso está claro, las señoras que jugaban sonreían, se divertían. Y gritaban mucho, eso también está fresco en esas remembranzas que intentan escaparse. Verde, hay mucho verde en aquel pueblito de las sierras cordobesas. El partido era en el Corcovado y estaban estas mujeres jugando al fútbol con una sonrisa de oreja a oreja, disfrutando del juego.

Para contar esta historia no puedo ser certero. El fútbol tiene muchas veces, en sus recuerdos, mezclas de ficción y realidad. Exageraciones que le dan un cariz épico al suceso. El fútbol nos permite muchas veces fantasear. ¡Qué fantástico que es fantasear con el fútbol! Probablemente, escribe Roberto Meléndez, "aquello sea lo más real del fútbol".

Esta historia del equipo femenino de fútbol del Centro

Vecinal del barrio Aguada de Reyes es el primer recuerdo que tengo de mujeres jugando al fútbol. Quien escribe tenía tan solo cinco años, por eso es que las imágenes no son tan claras, y también es la razón por la que se crió viendo a la mamá jugando a la pelota.

Nunca lo vi como algo "raro"; no existió ese prejuicio de "el fútbol es para hombres".

El fútbol es hermoso y no tiene género. Es fútbol, una excusa perfecta para vivir.

Cuando recuerdo a aquel equipo de camisetas blancas y rayas finitas verticales verdes, tengo la imagen de las risas de esas mujeres que corrían atrás de una pelota. La memoria me lleva a ese partido en el Corcovado, donde mi mamá era arquera. Pero, al empezar a averiguar sobre aquel recuerdo, encontré que esa fue una casualidad. Mi mamá no era arquera siempre, fue solo ese partido.

Pero también me confirmó que esa imagen de mi mamá atajando pelotazos era real, no era producto de mi imaginación.

"Nosotras empezamos a jugar en el barrio. Se hizo un partido para el día del amigo. No recuerdo bien el año, tiene que haber sido en 1985. El técnico era el Pancho Cuello, no me acuerdo bien todas las que jugábamos. Estaban la María del Carmen Zabala, la Odilia y su hija, la Rosita Brito, la Mabel Haedo...", recuerda Catalina sentada en su sillón con la mirada perdida en el recuerdo, más allá de que supuestamente está viendo en la tele una novela turca de la tarde. Hace frío en Embalse cuando ella comienza a repasar aquella época.

"Jugábamos en el barrio. Nos gustaba. Un día fuimos a un torneo a Amboy y nos llenaron de goles", se ríe. Y continúa: "Después fuimos al Corcovado, y también perdimos. Pero ahí fue que no tenían muchas chicas para hacer equipos y nos pidieron si podíamos colaborar. Y fui al arco.

Jugamos bien y nos invitaron a un campeonato a Río Tercero".

No recuerdo si había prejuicios hacia ellas. Era un nene y andaba correteando por ahí, y veía a mi mamá jugar a la pelota. Mientras escribo, otras imágenes saltan. En el barrio Aguada de Reyes de Embalse en aquella época había dos canchas. Ambas ya no existen. En estos terrenos se han construido casas. Pasó mucho tiempo. Ese señor que se asoma por la ventana ni se debe imaginar que en ese preciso lugar, más de 30 años atrás había un arco de fútbol. Cambia, todo cambia.

Volvemos a la historia...

Las habían invitado a un torneo de fútbol femenino en Río Tercero. Recordamos el año: 1985.

"No nos querían llevar, porque decían que éramos muy malas nosotras", recuerda Catalina del Carmen Fernández, mi madre. Pero siempre está aquel que busca ir contra la corriente y se la juega. El personaje que nos salva las historias. En ese caso fue el Carlos González. "Ese hombre nos llevó al torneo, allá, a Río Tercero. Fuimos con la 'Beby' Cuello, que era la presidenta del Centro Vecinal. No me acuerdo bien, pero empezamos jugando el torneo en una rueda de perdedoras. Y bueno, empezamos a jugar y a ganar, jugar y ganar, siempre por penales ganábamos. No me acuerdo cómo terminamos. Pero a partir de ahí, empezamos a ir a otros torneos y salíamos campeonas bastante seguido. En el Centro Vecinal teníamos varios trofeos. Éramos buenas. Me acuerdo que al primer torneo que salimos campeonas nos esperaron en el barrio y salimos en caravana a festejar, tocando bocinas por las calles del barrio. No había teléfono en esa época como ahora para avisar. Cuando llegamos al barrio tocábamos bocinas. Nadie apostaba una moneda por nosotras, decían que éramos muy malas, pero cuando salimos campeonas todos en el barrio salieron a festejar. Hicimos caravana. Fue hermoso".

La foto que está en el álbum de la época, muestra a ese equipo. La pava que está en la cocina anuncia que el agua ya está hirviendo. Se levanta y busca un par de tazas para hacer el mate cocido. Antes de servirlo, agarra con su mano la fotografía que le acerco, la observa y con una sonrisa empieza a recordar a las jugadoras: "Estaban la Mabel Haedo, la Odilia Azategui, doña López, la "Negra" Britos, la María del Carmen Zabala, Nancy Marín, Susana Ramírez, Rosita Brito y la 'Beby' Cuello. ¡Qué bella época!".

Esa frase: "¡Qué bella época!". Retumba. Parece un eco en el cuarto. Y sonríe, como cuando sonreía junto a aquellas amigas que formaron un equipo, justamente, en el día del amigo.

Al otro año nos fuimos a vivir a otro barrio. Mi mamá ya no jugó más en ese equipo. Años más tarde, la "Beby", que era la señorita "Beby", fue mi maestra de quinto grado. De las mejores. Y el fútbol siempre presente como enseñanza de vida.

Ellas, aquel equipo, ya en esa época me enseñaron que el fútbol no tenía nada que ver con el género. Ellas campeonas, más allá de que ganaran por penales los partidos y celebraban con caravanas de autos en el barrio, eran campeonas porque iban abriendo puertas en contra de los prejuicios. Y todos festejaban. Ese era el barrio de mi primera niñez, donde se celebraba el fútbol.

SE DIVIERTEN, JUEGAN, GANAN Y ABREN CA-MINOS

Una tarde las hermanas Rolhihir estaban viendo la película *Un entrenador genial*, de Will Ferrel y Robert Duvall. Y se divertían mucho con uno de los personajes infantiles.

-Soy Byong Sun, y soy una persona muy amable –dijo el niño en su primera aparición en la película futbolera que data del año 2005. Ese niñito bien pequeño, de lentes, interpretado por el actor Elliot Cho tiene un papel fundamental en la trama de esta película. Y a las hermanas Rolhihir, en el barrio La Aguada de Reyes, de la localidad de Embalse, las hizo divertir mucho. Les llamaba la atención "porque era malísimo jugando, pero le ponía la re-onda". A tal punto amaron al personaje que decidieron que el equipo de fútbol que ellas tenían, que había formado su papá José, se llamara Las Bionsón. Y sí, le 'cordobesearon' el nombre.

***

Noelia, Jésica, Griselda y Rosalía son las hermanas Rolhihir. Las hijas del "Pata". Aman el fútbol. Noelia de pequeña soñaba con jugar en la Selección Argentina. La vida la llevó por otros rumbos, pero siempre estuvo ligada al juego del deporte más hermoso del mundo. Y lo hace con sus hermanas. Y con amigas. ¡Qué más se puede pedir!

"Las Rolhihir" juegan los torneos en la cancha de "La zurda del 10" y llevan cinco campeonatos ganados consecutivamente. Lo cuentan orgullosas. El fútbol profesional con que soñó Noelia cuando tenía 10 años y ya pateaba la pelota en el barrio, quedó lejos. Pero entiende que vendrán nuevas generaciones que aprovecharán las puertas que se están abriendo.

Desde Embalse de Calamuchita lo sueña así, junto a sus hermanas de sangre y las hermanas del plantel de Las Bionsón.

-Lo que más me gusta de jugar al fútbol es el compañerismo. Se necesita de un equipo para ganar -sentencia Jésica Rolhihir.

Es que sí, Las Bionsón son un equipo, un equipo de amigas que se conocen de hace años y han llevado esa complicidad a las canchas de fútbol, y ganan y ganan, y hoy son muy reconocidas en la zona de Calamuchita y Tercero Arriba.

-Somos hermanas -exclama Virginia Guevara, la arquera, que se sumó el año pasado al equipo y desde un principio sintió una química especial.

Virginia no soñaba con ser futbolista, pero desde pequeña que anda jugando. Lo hacía en aquel descampado de Villa Irupé frente a su casa, en la zona donde viven los Tachuela, los Duartes, los Domínguez. Ahí era feliz jugando al fútbol y ni se imaginaba otra forma de interpretar el juego. Además, a los 18 años fue mamá de mellizas y se abocó a ellas.

Hoy ya tiene cuatro hijos, vive en Santa Isabel, hace unas tortas riquísimas y sigue jugando al fútbol, divirtiéndose con ese grupo de amigas que ganan y ganan.

Aunque todavía tienen la espina de que en el último torneo pre-pandemia perdieron la final 1-0 ante Las Rebeldes de Río Tercero.

Ese certamen fue una maratón. Empezó a las 10 de la

mañana y terminó a las doce de la noche. Llegaron exhaustas a esa final, pero ya quieren revancha.

***

-El equipo original viene desde que yo tengo doce años. Imaginate que estoy por entrar a los 29 –dice Noe, y se ríe. Ella es defensora, admiradora de Javier Mascherano, experimentada y de las que resalta por su juego. Aunque todas al nombrar a una distinta hablan de Jesi.

-Jesi es la crack mayor, una genia. Es espectacular –relata Guevara–. Cuando se juntan con Aldi y Carli, son potencia. Es un gran equipo –agrega. En su voz se nota la felicidad de pertenecer a Las Bionsón. Se nota en sus gestos, en sus modulaciones en la voz y lo pone en palabras-. Las Bionsón significan mucho acá. Estuve en varios equipos porque amo jugar al fútbol, pero estar con ellas es muy especial porque son potencia, muy conocidas y ahora son mis hermanas. No hay discusiones. Es un gran equipo.

Jesi, es Jésica Rolhihir. Aldi, es Aldana González. Y Carli, es Carla Cabral. Las tres juegan juntas desde chicas, desde los inicios del equipo.

Son unas 15 jugadoras las que forman parte del plantel. Juegan en distintos torneos. Van de un lado a otro. Fin de semana tras fin de semana. Así era su rutina hasta la llegada del coronavirus. ¡Lo que extrañan jugar al fútbol!

Varias de ellas son mamás. Gloria es mamá de tres nenas y Jesi de una niñita, Rosi es mamá de dos varones. Noe también tiene dos nenes, al igual que Luci Sosa. Virginia tiene a las mellis y dos nenes más, y Joha está de ocho meses, esperando la llegada de Angielina.

La mamá de Johana Vega, Carla Duarte, jugaba al fútbol en La Aguada. Y ahora Joha sueña que su hijita también juegue al fútbol. Tres generaciones de futbolistas.

-Yo juego al fútbol desde los 10 años, en el colegio, en el barrio y en distintas localidades. Siempre armábamos equipos y jugábamos campeonatos barriales… Jugué mundialitos, Copa Gobernación. Jugué en Santa Rosa para Las Consentidas, en varios equipos de Villa del Dique –relata Joha, que desde el año pasado juega en Las Bionsón. Como todo queda en familia, ella es cuñada de Noelia Rolhihir. Ahora está embarazada y no puede jugar, pero no ve las horas de volver a patear–. Apenas pueda, vuelvo –aclara la mediocampista central de 29 años.

-Uuuufff lo extraño demasiado a jugar al fútbol. Extraño los campeonatos, los entrenamientos –dice con nostalgia.

***

La Aguada de Reyes, Villa Irupé, Santa Isabel, barrios populares de la localidad serrana de Embalse y que proveen de talentos a Las Bionsón.

Aldana González, Carla Cabral, Jésica Rolhihir, Griselda Rolhihir, Rosalia Rolhihir, Noelia Rolhihir, Rebeca Bringas, Guadalupe Ramírez y Mariela Alaniz, vienen prácticamente desde los inicios. Luego se fueron sumando Virginia Guevara, Giuliana Vega, Johana Vega, Sabrina Pucheta, Lucia Sosa, Gloria Barrozo y Milagros Gutiérrez.

-Al equipo lo originamos con mi viejo y a partir de ahí seguimos. Éramos las "machitos" del barrio, jajajaja –relata riendo Noelia. Aunque luego aclara que ella jamás se sintió discriminada o sufrió prejuicios por jugar al fútbol. Joha Vega coincide. Y agregan que suelen jugar partidos mixtos para agarrar más experiencia y exigencia.

Aquel descampado donde solía jugar Vicky y sus hermanos cuando era una niña ya no existe más. Pero no, no, no hay nostalgia. La dueña del terreno los autorizó a hacer una cancha. Le pusieron arcos, le soldaron un travesaño y ahora se hacen campeonatos allí. Y las Bionsón suelen ir a jugar. La rueda del tiempo...

***

-Juegan torneos relámpagos. ¿No hay una liga oficial como en el fútbol masculino para las mujeres?

-Lo intentamos el año pasado, pero nos exigen mucho desde el tema financiero... Así que decidimos seguir con los campeonatos relámpagos que te dejan plata, y por lo menos saldás lo gastado en viáticos.

-¿En Río Tercero o Calamuchita?

-En Calamuchita. En La Liga Regional de Río Tercero hubo reuniones para formar un torneo de fútbol femenino. La idea era que se jugara los domingos en la previa a los partidos de Primera. Pero no prosperó. A comienzo de año se presentó un proyecto en la Liga RioTercerense y estaba con expectativas de que pronto hubiera un anuncio. Por ahora nada y encima la pandemia frenó todo.

***

Jésica Rolhihir tiene 27 años y trabaja como auxiliar escolar en el jardín de infantes Rafael Obligado. Todas dicen que ella la rompe. Y ella se ríe. Empezó a jugar a la pelota en una canchita que su papá, maquinista de la Municipalidad, hizo frente a su casa en La Aguada de Reyes. Primero la mandaban al arco, pero a medida que fue creciendo fue saliendo al centro. Hoy es una mediocampista elogiada. Admiradora de Juan Román Riquelme, también de niña soñó con ser jugadora profesional.

-Soy de tomarme los partidos muy en serio –se ríe-, dejo todo por la camiseta… Me encantaría jugar como Riquelme, pero eso sería mucho –y se vuelve a reír-. Soy muy energética, me gusta defender, pero también atacar, si la pierdo trato de recuperarla. Me gusta jugar para divertirme con mi familia y me gusta jugar para aprender más con hombres, aprendés a usar el cuerpo, a pensar más el juego… Me hubiese encantado jugar profesionalmente. Tuve a mi hija a los 21 años, y, a partir de ese momento, fue como que el fútbol pasó a un segundo lugar en mi vida.

La hija de Jesi se llama Aymara.

-Yo soy hincha de Boca desde que tengo memoria, pero le puse Aymara porque siempre me gustó el nombre de Aymar, el jugador de River.

Ella no pudo ser futbolista profesional. Pero le gustaría mucho que su niña siga su legado.

(*) Publicado en la web de *La Nueva Mañana* en noviembre del 2020.

CAPÍTULO 4

TRILOGÍA II
EL PELUSA

Al Diego, a quien extraño, y extrañaré siempre.

NUESTRO ALE… Y NUESTRO DIEGO

"A Papá Noel le pediría que parara mi vida a los 25 años, para que pudiera jugar siempre a la pelota". (Diego Armando Maradona)

Las estrellas estaban escondidas en aquella noche fría. Todos buscaban refugiarse como podían, mientras miraban, asombrados, al fenómeno que estaba en la cancha. Las estrellas y el calor estaban dentro del campo de juego. El césped no era verde, a nadie le importaba. Todos estábamos absortos. Lo veíamos a él, al mismo que de niño escribió leyendas con una pelota de fútbol en las canchitas de nuestros hoteles de Embalse. Sí, lo veíamos a él, al mismo que el día de su debut como profesional, siendo tan solo un adolescente, tiró un caño.

No lo podíamos creer: ¡A unos metros estaba el mismo que había hecho el mejor gol de todos los tiempos!

Sí, lo confesamos, todos teníamos lágrimas de emoción mientras veíamos a Diego Armando Maradona jugar a la pelota y tirar magia. Magia pura. Belleza. Allí, tan cerca... Era una noche especial, donde los ángeles de la guarda se reían con nosotros y le salía ese humito de la boca. Y sí, hacía frío, pero nuestros corazones latían tan fuerte...

Era una noche especial. Un partido solidario en la cancha de 9 de Julio de Río III. Estábamos ahí. Muchos estábamos ahí. Hasta mi bellísima Anita, que ni siquiera me quería mirar.

Pero él, aquel que llora cada vez que un ingrato lo descalifica al Pelusa, estaba nervioso. No sabía dónde poner las manos. Sus piernas, que tantos goles habían hecho en diversas canchas, temblaban, tiritaban. Su sueño de infante estaba pronto a ser realidad. Tenía esa camiseta gris y no le interesaba el frío, ni que las estrellas no estuvieran... Entonces, llegó el momento... Pegó un saltito. El niño, el adolescente y el adulto, todo junto estaban felices; llegó el momento y nosotros nos emocionamos.

Corría una brisa. Se erizó la piel. Entró el Ale Rópolo a la cancha. Entró a jugar... Jugaba para el equipo contrario del "10", pero a él qué le importaba. ¿Corría atrás de la pelota? No, corría absorto atrás de aquel que le regaló días felices con una pelota. Estaba al lado de él. El Ale estaba al lado del Diego. Lo abrazó. No se pudo contener. Me emocioné desde la orilla de la cancha. Creo que Cacho Carballo, el Eze Fia, el Dani Maldonado y el Gabri Vázquez sintieron lo mismo. El Rolo y el Fito, zampados, también. Nuestro Ale estaba al lado de nuestro Diego. Lo abrazó, no se pudo contener. ¿Quién se hubiese podido contener? Yo no. Él tampoco. Y el Pelusa le dijo: "¿Qué hacés, Pelado?"... Y una estrella intrépida se coló en la noche fría de Río Tercero... Ese día fue inolvidable...

Esa noche el Diego nos regaló de su brillantez, fantasía, caños, tacos, golazos y sonrisas, mientras desde la tribuna y también dentro del campo de juego (muchos estábamos viéndolo sobre la línea de cal, entre ellos mi bella Ana y yo, mirándonos de reojo) coreábamos el "olé, olé, olé, Diegoooo" y los gritos de "Te quiero Diego". A los que Maradona devolvió con saludos y fotos por doquier. Ah, también nos obsequió un golazo: encaró por izquierda con pelota dominada y cuando ingresó al área, con su zurda intacta tiró una vaselina por arriba de Damián Maltagliatti que se clavó al ángulo. ¡Fabuloso! Una obra de arte del Mejor de Todos.

Meses después de aquel 24 de julio, el Pepe Rópolo repetía: "¡Cada instante de mi vida recuerdo ese momento, que por cierto es el más importante y hermoso de mi vida!". Y no exagera, es sincero.

(*) Publicado en el diario *La Mañana de Córdoba* en el 2014.

EL DIEGO DE LOS EVITA

El verde abunda. Pinos frondosos, malezas, escombros revueltos, una cancha de rugby… Turistas que pasan caminando rumbo al lago, con el añejo hotel de fondo. Un auto rojo toma la curva de la calle de tierra y frena cerca de donde hace unos años había un complejo deportivo. Los visitantes se quedan mirando y, a los segundos, uno le dice al otro: "Detrás de aquellos pinos, ¿ves? Allá atrás jugó el Diego". Y "el Diego" no es otro que Diego Armando Maradona.

En el valle de Calamuchita, Córdoba, se encuentra la bella localidad de Embalse. Un pueblo con cerca de diez mil habitantes conocido por múltiples factores, fundamentalmente por sus paisajes serranos y sus populares y solidarios hoteles de la Unidad Turística (UTE). Pero también porque en la década del 70 comenzó a albergar una leyenda que pronto se hizo realidad. Desde hace más de 40 años, en la zona hay una telaraña de anécdotas que tienen como protagonista a un nene al que le decían Pelusa, y que hacía estragos con la pelota. Ese infante con el tiempo se convirtió en el hombre más famoso del mundo por su extraordinaria capacidad para jugar al fútbol. Y en ese pueblo serrano, varios de sus habitantes cuentan orgullosos que Maradona expuso sus primeros pincelazos de magia bajo el cielo embalseño.

Pero claro, el paso del tiempo fue cobijando el anecdotario popular de la región con cientos de narraciones verídicas y otras exageradas, siempre emocionantes. Los hechos se mezclan con la fantasía y de esa forma, con el correr de los años, el paso de Maradona por las finales de los Juegos Nacionales Evita de 1973 en Embalse, se ha transformado en una historia llena de condimentos y sabores propios de las que el Diez fue armando a lo largo de su vida.

En ese marco, en *El Gráfico* intentamos unir los retazos de los testimonios orales que se han contado en las márgenes del lago cordobés. Una telaraña invisible que fue tejiendo, con el andar de los días, su propia realidad.

"En las instalaciones de los Hoteles de la Unidad Turística, siempre les contamos a los visitantes que Maradona de niño se hospedó acá, que jugó los Torneos Evita y que no pudo salir campeón. A los turistas les interesa. Y preguntan. Pero por mi edad, yo no puedo contar más. Desde que soy niño escucho historias de cuando Maradona jugó en Embalse, pero muchas son mentiritas o exageraciones. Todos dicen que lo vieron, pero no creo que hayan sido tantos", relata Penano, un profesor de educación física de 35 años que trabaja en el complejo hotelero. Al mismo tiempo, Cacho Carballo, locutor de la zona, agrega en la misma sintonía: "Todos en Embalse cuentan que lo vieron, pero habría hecho falta el Maracaná si hubiera sido cierto". Lo dice entre risas, al tiempo que acota: "De los que se puede comprobar, quienes vieron a Diego de niño coinciden en que era muy humilde y que muchos acá le pagaban la coca". Lo de la gaseosa es algo que se repite en los testimonios. Concuerdan en que era común verlo con la botellita en la mano después de cada partido. Algunos se adjudican haberle regalado una. Otros afirman que era Jorge Cyterszpiler quien andaba con él y, apenas terminaba los partidos, le acercaba el refresco.

Magia en las sierras

Maradona llegó a Embalse el 17 de diciembre de 1973 para participar en el retorno de los Juegos Nacionales Evita, que era una competencia multidisciplinaria patrocinada por el gobierno nacional y que habían sido interrumpidos en 1949. Con la recuperación de la democracia, regresaron estos torneos y se celebraron en un coqueto complejo deportivo que Embalse tenía en las instalaciones del parque hotelero. Y aparece la palabra "tenía" y la nostalgia aturde a los lugareños al hacer referencia a aquel espacio otrora esplendoroso.

Hoteles rebosantes de gente, llenos de vida, lejos de lo que, lamentablemente, se observa por estos días. Más allá de que Embalse sigue siendo un punto clave del turismo argentino, la Unidad Turística parece olvidada por las autoridades nacionales desde hace unos cuantos años.

Pelusa, como se lo llamaba en esa época, jugaba para Los Cebollitas dirigidos por Francis Cornejo. Era Argentinos Juniors y jugaba en la categoría Infantil. ¡Toda una sensación!

José Pérez es un respetado comunicador social de la zona, palabra autorizada a la hora de reseñar las gestas deportivas de la región. Detallista en sus comentarios radiales, Pérez repasa: "Cuando asumió el gobierno peronista en 1973 con el Doctor Cámpora, en el lugar donde se hizo el complejo deportivo del Hotel N° 1 de la Unidad Turística había un bosque. Yo mismo vi cuando arrancaron los árboles e hicieron un complejo que tenía pista de atletismo, canchas de tenis, un círculo para lanzamiento de martillo, y la cancha de fútbol. Allí es donde se desarrolló el Campeonato Evita 1973, que es aquel en el que jugó Maradona y perdió la final con los chicos de Santiago del Estero. A todos nos recomendaban ir a ver a un nene de Capital que jugaba muy bien. También estuvo por esos días Norberto Yácono, que fue parte de La Máquina de River, observando el torneo".

En el centro comercial embalseño está la panadería que atiende Graciela junto a Ángel Roberto Torres, ambos amantes del fútbol. Durante muchos años, Torres fue entrenador de distintas categorías de Fitz Simon, club del pueblo. En aquella época, el Negro, como le dicen, trabajaba en la carnicería de los hoteles y, como fiel fanático de este deporte, fue a ver los partidos del torneo Evita. Y no solo vio a ese chiquilín con el 10 en la espalda. "¡Yo lo tuve en los brazos a Maradona! ¿Cómo? Fui a ver esos partidos, no es que fui a ver a Maradona. Fui porque me gusta el fútbol, pero ahí me encontré con ese chico. Una bestia como jugaba. Tenía unas zapatillas, creo que Flecha. Uno de esos partidos salió lesionado. Le dolía el pie y no podía caminar. Me ofrecí a ayudar, lo alcé y lo acompañé hasta un colectivo. Nunca me voy a olvidar del pie. Era distinto, tenía el empeine alto... Me acuerdo de los chicos de Pinto también. Jugaban bien, eh... Pero ver a Maradona… No se podía creer lo que jugaba. En esa época, yo tenía 20 años, era impresionante lo que estaban los hoteles, llenos los siete. Yo en esa época era empleado de Pedro Marchetta", recuerda Torres.

En ese marco, al rememorar aquella época, al Negro Haedo le brillan los ojos. Habla con este cronista, y en sus manos tiene fotos de la década del 70, en blanco y negro. Busca. Cree tener unas con las delegaciones de los Juegos Evita de 1973, pero no encuentra lo que quiere. "Los hoteles estaban a pleno, todos llenos de turistas. Durante ese torneo, era mozo del hotel número 2. Estaba con Mario Vivas y el Negro Brizuela. Terminaba el servicio militar y fui a los hoteles a trabajar. Me tocó atender a los chiquitos santiagueños, que le ganaron a Los Cebollitas porteños", rememora Haedo, personaje del pueblo, que siempre tiene una anécdota para contar, como aseguran los lugareños. Pero él quiere mantener su reputación y afirma: "Debo decir la verdad: a Maradona no lo recuerdo bien. Sí a los santiagueños. Tenían a tres que la rompían. Eran unos maradonas, no sé si alguno llegó. Un equipazo, eh. Eran todos humildes, se portaban bien en las mesas. Muy educados. Cuando ganaron, todos los felicitábamos".

Mejor que Pelé

"Con Los Cebollitas perdimos la final del Campeonato Nacional, en Río Tercero, Córdoba. Nos ganó un equipo de

Pinto, Santiago del Estero, dirigido por un señor llamado Elías Ganem. Su hijo, César, me vio tan amargado, que se me acercó y me dijo: 'No llorés, hermano, si vos vas a ser el mejor jugador del mundo...'. Todos creen que me regaló su medalla de campeón, pero nada que ver: se la quedó él y bien ganada que la tenía", supo narrar Maradona en su libro *Yo soy el Diego de la gente*.

Un par de observaciones. Primero, el torneo se jugó en Embalse, que queda a 36 kilómetros de la ciudad de Río Tercero. Una confusión muy común. Segundo: ese partido con los chicos de Pinto no fue la final. Fue la semifinal.

En Embalse se jugaban las finales, Los Cebollitas de Argentinos Juniors habían ganado en Capital Federal, tras vencer a varios equipos, el derecho a participar de esta instancia. Ya en tierras cordobesas, golearon por 6-0 a Chaco y 4-1 a Río Negro. Pero en la memoria colectiva está la semifinal ante Club Social Pinto, de Santiago del Estero.

Ese partido del 20 de diciembre de 1973 disputado en la cancha del Hotel N° 1 fue apasionante, según recuerdan todos quienes afirman haberlo presenciado. Lo cierto es que los santiagueños arrancaron ganando, luego los dirigidos por Francis Cornejo lo dieron vuelta y sobre el final del juego, los de Pinto lo empataron. Fue 2-2, en consecuencia, se tuvo que definir por penales. Y el arquerito Julio Cancina le atajó un penal al Pelusa. Pero no fue el único de su equipo que falló, y los santiagueños dieron el batacazo.

"En la previa nadie confiaba en nosotros. Todos decían que los de Capital iban a ganar, eran favoritos. Y dimos el golpe. Es un orgullo para mí haber jugado ese partido. Pero no fue la final, fue en semifinales. La final la jugamos ante Santa Fe. Pero ese partido lo festejamos como si ahí hubiésemos salido campeones. También recuerdo que Maradona, cuando terminó el partido, lloraba y lloraba. Con mi amigo, que estábamos todos los días juntos, fuimos a saludarlo y él, César Ganem, lo abrazó y le dijo: 'No llores, vos vas a ser el mejor del mundo y vas a ganar muchas cosas más'. Un periodista lo escuchó y la anécdota se popularizó. En la foto de los festejos, nosotros dos no aparecemos. Estábamos con Maradona", le narra a *El Gráfico*, desde Pinto, Mario Romano, hoy docente de una escuela rural santiagueña, que jugó aquel legendario partido de fútbol. "En el comedor, nos daban siempre naranja de postre. Me acuerdo de eso. Ese partido fue a la tarde, y al otro día a la mañana jugamos la final con Santa Fe. Pero todos nos hablaban del que le habíamos ganado a Capital, porque traían un récord de no sé cuántos partidos sin perder. Fue un partido muy lindo y muy tenso. Ellos tenían mucho la pelota, y nosotros hacíamos tres o cuatro toques, y al arco...", rememora Romano.

El periodista que escuchó esa frase fue Jorge Omar Galliano Núñez, que con sus 17 años cubría el evento para LV26 radio Río Tercero. Aquel joven cronista, hoy un experimentado narrador de eventos locales y nacionales, rememora con firmeza: "Los Cebollitas de Buenos Aires alistaron ese día a Altamirano, Lucero, Magliolo, Domenech, Chammah, Márquez, Díaz, Dalla Buona, Duré, Maradona y Delgado". Repite la formación casi de memoria. Y relata: "Todo el mundo cree que perdieron la final, y no. Fue la semifinal. El partido salió 2-2 y, por penales, ganaron los chicos de Pinto por 3-1. Cuando terminó, los nenes de Pinto festejaban. No lo podían creer. Y veo que Maradona, que era el que sobresalía, lloraba. Estaba cerca de donde yo estaba y veo que se le acerca un nene. 'No llorés, vos vas a ser mejor que Pelé', le dijo. Lo recuerdo bien claro, escuché cuando se lo dijo. Ese nene era César Ganem, que hoy es director del hospital de Pinto".

Dudas y certezas

Pedro Marchetta narró en la edición de noviembre de *El Gráfico*: "A Diego lo conocí cuanto fue a jugar los Evita a Embalse. Yo tenía los hoteles 2, 4 y 7, y viene un amigo, el Cabezón Sala, y me dice: 'Hay un negro que juega un 10, no sabés lo que es, andá a verlo'. Año 1973. Lleno de gente estaba, mamita querida lo que era Diego. Le dije al dueño de mi empresa: 'Vos que tenés mucha plata, hay que comprar a este pibe'. Recuerdo haber ido a hablar con el padre, con don Diego, a ofrecerle 8 millones de pesos, pero quiso seguir en Argentinos porque ahí estaba Francis Cornejo'". En su reciente libro *El Negro*, el ex técnico, que incluso dirigió al desaparecido club Santa Isabel de Embalse, agregó: "Al año siguiente vino y salió campeón (…) vos te parabas en el Polideportivo y donde veías una cancha rodeada de gente era porque ahí estaba Maradona (...) tenía todo lo que tiene que tener un jugador de fútbol: virtudes, impronta... ¡Un genio!'".

¿Al año siguiente volvió a Embalse? Esa es una gran nebulosa que hay en la historia sobre Maradona en las sierras cordobesas. En el libro *Juegos Evita*, de Guillermo Blanco, el periodista narra intimidades de la historia de Los Cebollitas de Argentinos Juniors y de Pinto, y de cómo Goyo Carrizo une a ambos equipos; pero también escribe que en 1974 Maradona obtuvo su primer título al vencer a Misiones en la final por 3-0 y que ese partido fue en el complejo que en el año anterior habían perdido ante Santiago del Estero. Cuando Maradona visitó Río Tercero, en agosto de 2014, recordó: "Cuando me dijeron que mis vacaciones pasaban por Río Tercero, con mis 53 años, volví a tener 11, como cuando llegué a jugar a Embalse. En el primer año perdimos la final contra Santiago del Estero, pero al otro año volvimos y salimos campeones de los juegos Evita". Incluso, Marchetta en su libro también habla del 74. Sin embargo, no hay registros en Embalse que certifiquen que

Diego haya estado ese año por Calamuchita.

Estos vaivenes de recuerdos se dan porque la memoria es frágil e incluso ilusoria. El periodista RioTercerense Jorge Omar Galliano, al igual que José Pérez, afirma que en 1974 Maradona fue campeón en la ciudad de Córdoba. Todos los testimonios recogidos para esta crónica hablan de 1973.

No obstante, en esas narraciones, se entremezclan algunas imágenes. Muchos dicen que vieron al Pelusa en el Polideportivo de Embalse, que es un complejo gigante cercano al lago, donde se han realizado múltiples eventos. Y estas célebres instalaciones se inauguraron... en 1974. ¿Confusión o realidad? Parte del mito de la visita de Diego a Embalse...

¿Y dónde se alojó Maradona? Esa es una pregunta que tampoco nadie puede responder. El parque estatal de Embalse tiene siete hoteles, y aunque este cronista preguntó a varias personas que trabajaron durante esa época y en la actualidad, no encontró certezas. Hay dudas sobre si se alojó en el Hotel 3 o en el 5. Y allí se abre una puerta increíble, ya que si fuera este último tendría un valor de mayor melancolía. El motivo es que el Hotel 5 está destruido. Ese edificio fue desmantelado en 1980 y quedó en estado de abandono. Una pena que los embalseños aún sienten, y por eso no quieren ni pensar que su visitante más ilustre se haya hospedado allí. Aunque las historias tomarían nuevos caminos.

Eduardo Luchini, jefe de atención al turista de la UTE, contó: "Maradona vino con Los Cebollitas al Torneo Evita. No fue en Río Tercero como él cuenta en su libro. Fue acá, en Embalse. Y los partidos se jugaron en la vieja cancha del Hotel 1, donde ahora hay una de rugby. Recuerdo que a todos nos recomendaban ir a ver un negrito que tenía la 10 de Argentinos Juniors y era una barbaridad. Me acuerdo del partido con los santiagueños. Justo ese año, 1973, empecé a trabajar acá, en los hoteles. Y estando en el Hotel 6, donde había como un gran depósito de elementos deportivos, conseguimos camisetas para los chicos santiagueños, que habían tenido un problema. Bueno, me acuerdo del partido, y si mi memoria no me falla, con Maradona jugaba Domenech. Los Cebollitas los tenían locos a los santiagueños, pero sobre el final, uno de ellos les clavó un zapatazo, creo que de mitad de cancha. Y se fueron a los penales, y les ganaron a los de Argentinos. Después salieron campeones. Pero ese negrito flaquito, que después fue Maradona, era tremendo. Mucha gente iba a ver al 10. Muchos aún dicen que lo vieron en el Polideportivo. Y no, fue en la cancha del Hotel 1, donde también había canchas de básquet, y ahora está todo destrozado. Había tribunas de madera. Mi viejo hacía el sonido del evento y después le dieron una medalla. No puedo recordar, pasó mucho tiempo, dónde se alojaron Los Cebollitas, si fue en Hotel 3 o en el 5...".

Por su parte, una empleada del área de administración sostuvo: "Los papeles de esa época ya no están. No hay nada digitalizado. Se ha perdido. Dicen algunos que Maradona estuvo en el 5, pero hoy es incomprobable".

Fines de 1973, Diego recién cumplía 13 años. Todos entienden que vieron a un niño que deslumbraba con la pelota... El verano en las sierras cordobesas estaba instalándose, el inminente genio del fútbol mundial todavía no era el eminente futbolista... Tres años después, un miércoles de octubre, frente a Talleres, un adolescente Maradona se presentaba ante el gran público. A partir de allí sus infinitas historias se hicieron conocidas; pero en Embalse expresan orgullosos las anécdotas del Diego desconocido. El aroma a peperina se mezcla con la nostalgia, y una pelota llega picando hasta el auto rojo de los dos visitantes frente a esos pinos, donde allá atrás el Pelusa hacía magia con la redonda.

(*) Publicado originalmente en el 2017 en la revista *El Gráfico*.

EL REGRESO DESCONOCIDO

Actualmente en aquel terreno de juego, conocido como "la cancha del Hotel 1", ya no se juega al fútbol. Durante mucho tiempo estuvo abandonada, con maleza. Sin embargo, desde hace unos años fue recuperada para hacerla una cancha de rugby. Aún quedan marcas de cal de aquel tiempo y algunas barandas de madera añejas que resisten.

Cuando algún turista pasa por ese lugar y está acompañado de un lugareño, este cuenta que "ahí, sí, ahí, jugó Maradona de chiquito con Los Cebollitas".

Siempre se habla de aquella primera vez. Pero muy poca gente sabe que Maradona volvió 41 años después a esa cancha.

Con *Perfil* Córdoba pudimos confirmar que el 'Pelusa' regresó el 25 de julio de 2014.

Diego había ido a jugar un partido a beneficio a Río Tercero, en la cancha de 9 de Julio. Se hospedó en el Howard Johnson de Almafuerte. Sin embargo, pidió que lo llevaran hasta Embalse.

Dio unas vueltas por el lugar sin que la gente se enterara. Y mientras estuvo ahí le pidió a un embalseño que lo guíe hasta la cancha donde de niño fue feliz.

Así se lo contó a *Perfil* Córdoba Javier Flores, testigo de ese momento tan especial y desconocido sobre la vida de Maradona: "Yo estaba a cargo del Polideportivo, y en eso entra un Mercedes blanco. Se bajan unas personas y entre ellos había uno con un camperón y gorra. Me acerco y uno me dice, ¿sabes quién es? Es Maradona, viene a ver la cancha donde jugó cuando era chico. Me quedé helado. Y Maradona justo dice, `esa no es la cancha´. Cuando escuché le dije que tenía razón, 'usted jugó en la cancha del Hotel 1'. Me pidió que los guiara hasta la cancha. Yo iba adelante en mi moto y ellos atrás. Llegamos a lo que ahora es la cancha de rugby. Me quedé en mi moto, me temblaba todo el cuerpo. Él hablaba con sus amigos, se reía. Me pidió que le juntara un pedacito de tierra y unos yuyos de la cancha. Se los di, me dio un abrazo, y después se fueron. Nunca lo conté porque no me animé a sacarme una foto, y pensé que nadie me creería".

(*) Fragmento de un artículo publicado en el diario *Perfil* el 29 de noviembre de 2020.

CAPÍTULO 5

TRILOGÍA III
NÁUTICO FITZ SIMON

CONTRASTES DE UN PARTIDO INOLVIDA-BLE... Y TAMBIÉN OLVIDADO

Para ese pueblo de las sierras cordobesas es una hazaña comparable a la de David ante Goliath o la de Frodo cruzando la Tierra Media. Es probable que algunos crean que merece un libro como el que escribió Andrés Burgo, porque para ellos es El Partido. Los que lo jugaron con la camiseta verde y mangas amarillas atesoran el recuerdo de aquel juego de enero de 1987. Los que jugaron con la camiseta celeste ni se acuerdan. Los primeros ganaron 4-2 y lo cuentan hasta el día de hoy. Los segundos, que perdieron, saben que ese año fue especial porque llegaron a una finalísima por el ascenso a Primera y cayeron ante Banfield, otro equipo con el verde en su casaca.

Aquellos ex jugadores amateurs de Fitz Simon lo atesoran como se atesora un poema en los primeros minutos de leerlo. A ellos les dura la remembranza del golazo del Coté Gómez.

Los profesionales ex futbolistas de Belgrano tienen una efímera reminiscencia. Solo alaban las bellezas naturales de Embalse y lo bien que los trató la gente. ¿Del partido? Nada. Ni un detalle. Fue un amistoso de pretemporada más en su larga carrera.

¡Tantos partidos en su carrera! Imposible acordarse de todos, y menos en una pretemporada. ¡Tantos partidos en su carrera! Pero imposible olvidarse cuando le ganás a un grande, que encima ese año hizo un campañón.

¿Realidad? ¿Fabula? El partido existió. Se jugó. Enero de 1987. Probablemente el sábado 10 o el domingo 11; ese día este cronista estaba festejando su séptimo cumpleaños a unas cuadras de ese lugar desconociendo lo que sucedía, y a pesar de que el partido fue a puertas abiertas. No, no cobraron entrada. La idea era que los vecinos pudieran ver a los "Piratas".

Ver a esos monstruos. Es que ese equipo tenía a jugadores de la talla de Juan José López, José Luis Villarreal, Julio César Villagra… Paaaa, seguimos nombrando: Abel Blasón, Ariel Ramonda, Luis Scatolaro... ¿Más? El Tato Martelloto, el Negro Ramos. ¡Equipazo!

Ver a esos monstruos es lo que quería José Luis 'Machito' Usandivaras. Tan es así, que a pesar de ser jugador del club del pueblo tomó una sorpresiva decisión: no quería jugar ante sus ídolos, queríamos verlos jugar en vivo.

Cuando se puso la piedra basal del Centro de Radioisótopos en la Central Nuclear de Embalse en mayo de 1986, el diario *La Voz del Interior* cronicó ese acontecimiento destacando la presencia del presidente Raúl Alfonsín y describiendo la particularidad de que no había muchos famosos que hubieran pasado por allí.

Con el tiempo se confirmó que por aquella localidad de Calamuchita, en 1973, estuvo Diego Armando Maradona con sus Cebollitas; y tiempo después, en el 2010, Paulo Dybala con las inferiores de Instituto. Por citar dos visitas ilustres del deporte.

Por eso, cuando aquel Belgrano fue en el año 1987 hubo una revolución en el pueblo. Razón suficiente para que los lugareños recuerden ese partido de verano por siempre.

Sangre

-La formación, creo, fue así. Nosotros jugamos con el Pato (Marcelo) Del Río; el Dante (Vivas) de cuatro, de dos el Beto (Roberto Toledo), de seis Jorge Luna y de 3 yo; de ocho el Suruco (Fernando) Aranda o el Macho, Marcelo Dagas, el Coté (José Gómez) o el Suruco de 10; el Leo (Gómez), el Hugo (Molina) y el Patón Tonarelli. Belgrano fue con el Negro Ramos; (Juan Carlos) Ghielmetti, Cabezón (Juan Carlos) Reyna, Pepe (José) Céliz y Alejandro Chiera; Mario Ballarino, José Luis Villarreal, (Germán) Martelotto; arriba Blasón, Ramonda y (Edgardo) Parmigiani. Después entró Jota Jota López, el Gallego Vázquez, que había jugado en Boca, y la Chacha Villagra, que lo echaron –relata Sergio "Sangre" Quinteros, lateral izquierdo en ese partido. Logramos luego corregir. El "Machito" Usandivaras no jugó, fue Fernando Aranda que estuvo de mediocampista derecho y José Gómez por izquierda-. Empezamos ganando con gol del Leo Gómez, después lo empató de tiro libre Martelotto, pasamos de nuevo al frente con gol del Suruco, lo empató Villarreal, yo hago el tercero y el Coté Gómez hizo un golazo. El Negro Marchetta no los dejó salir ese sábado a la noche. Es lo que más o menos me acuerdo.

Jorge Pedro Marchetta pasó parte de su vida en Embalse. En la década del '70, luego de su retiro como futbolista, tenía una cabaña en el complejo Tío Tom, mientras administraba la concesión de los hoteles 2,4 y 7 de la Unidad Turística. Incluso sus primeros pasos como entrenador se iniciaron allá, dirigiendo Santa Isabel (club ya desaparecido) y Atlético Río Tercero. En el "albiazul" RioTercerense había dirigido a Toledo, y por eso es recordada con humor la anécdota que dice que era tal la calentura del "Negro" con sus dirigidos profesionales que les decía: "¡Cómo puede ser que no puedan pasar al dos, que tiene una botella de whisky en la cabeza!".

Por ese conocimiento del lugar, cuando ya fue un técnico consagrado llevó a varios planteles profesionales a realizar la pretemporada a las sierras cordobesas. En 1985 fue con el Rosario Central de Omar Palma, en 1986 con Vélez Sarsfield. En 1989 llevó a Calamuchita a Racing Club de Avellaneda, que entre otros tenía a Perico Pérez.

Sergio Quinteros tenía 22 años en aquella jornada inolvidable para él. Hoy, pasó el tiempo, es operador de ensayos no destructivos, trabajó en la Central Nuclear embalseña y en Atucha y previo a la cuarentena tenía previsto un viaje a Misiones para trabajar en una papelera.

-Sentimos en ese momento una cosa que... vivíamos en un mundo distinto al de ellos. Entramos a la cancha para que no nos hagan tantos goles, y claro, veíamos a Villita, a Martelotto, todo eso, para nosotros era ver ídolos que vivían de eso, y nosotros éramos unos inconscientes que hasta las 6 y media de la tarde que empezó el partido habíamos estado en el lago, en el muro, bañándonos. Jugamos a que no nos hicieran muchos goles. Una vez vino Vélez y nos metió ocho, nueve goles, no nos hicieron 20 porque no quisieron. Como éramos inconscientes y teníamos una leche impresionante, vimos que nos estaban saliendo las cosas, y no aflojamos nunca, y le jugamos de igual a igual -rememora el popular "Sangre".

Tanque

-Me acuerdo de esa pretemporada con Marchetta, el profe Pedernera, en un hotel pegado a la ruta. Corríamos la vuelta al lago. En el equipo estaban Jota Jota López, el Gallego Vázquez, entre otros -relata Ariel Osvaldo Ramonda, delantero de aquel elenco celeste.

El "Tanque" hizo una gran carrera en Belgrano, fue seleccionado por Raúl Hipólito Arraigada en 1982, proveniente de Huracán de Las Varillas. Jugó en Belgrano hasta el año 1989. Fue integrante del equipo que logró el Regional de la mano del "Tito" Cuellar.

Fue titular en aquel partido en el valle calamuchitano. Pero él no logra evocarlo.

-Del partido con el equipo local de verdad no recuerdo detalles. Solo que se jugó con un equipo de ahí, pero no con detalles... Estuvimos dos semanas en Embalse, hacíamos dos turnos diarios. Hermoso lugar -dice el "Suela", como lo llamaban en ese entonces, que dos meses más tarde hizo un inolvidable agónico gol ante el Huracán del Toti Iglesias.

-¿Se acuerda el resultado por lo menos? Perdieron.

-(Se ríe). Puede ser lo que decís del resultado, pero la verdad no lo recuerdo. Sí, tengo ahí al Loco Erroz, era cuñado de Marchetta, de vez en cuando nos saludamos.

Ramonda, que también tuvo un paso por Estudiantes de Río Cuarto, donde es recordado por haberle hecho dos goles a River, dejó el fútbol en 1994. Actualmente vive en Carlos Paz, desde hace 25 años está en la gerencia zonal del Banco de la Nación Argentina. "Ingresé al banco gracias al fútbol y a Hugo Gaggero, que era vicepresidente de Belgrano", cuenta.

El Hugo

Hugo Molina también tenía las valijas preparadas para viajar a Misiones, pero la cuarentena lo frenó, y hoy está en confinamiento en el pueblo. Era un delantero que le pegaba a la pelota con una fuerza impresionante. Y cuando estaba inspirado, era difícil frenarlo. Molina, al igual que Quinteros, es operador de ensayos no destructivos. Y es el padre del lateral derecho de Boca Nahuel Molina.

Tenía 24 años cuando se jugó ese partido en la cancha del Club Náutico Ingeniero Santiago Fitz Simon. Hoy, 33 años después, es el director técnico del equipo junto a Jorge Luna, que fue el primer marcador central de aquel cotejo.

-Si bien ya teníamos experiencia en jugar contra adversarios que militaban en el fútbol de Primera Nacional, casi todos equipos que dirigió Pedro Marcheta, siempre fue como un maravilloso premio disputar un partido en nuestra cancha con un gran equipo, que fue ese de Belgrano. Inmensa fue la alegría, y encima el resultado. ¡Nos salían todas ese día! Varios de mis compañeros jugaron a un gran nivel. Recordar hoy, después de tantos años ese partido tiene un significado muy especial. Recuerdo la alegría de nuestra gente, de nuestra parcialidad, se comentó por mucho tiempo ese partido.

El Tato, el Gallego y el Machito

Por su parte, Germán Martelotto, otro crack "pirata" que estuvo en ese juego se excusó: "No me acuerdo, tengo muy mala memoria".

A pesar de que él no se acuerde, los embalseños narran que hizo un bonito gol de tiro libre.

"Tato" se emocionó cuando le mostré la foto de esa jornada. "Wow, qué linda foto. El Gallegol", recordando a Jorge Vázquez, que falleció el 8 de noviembre de 1994, a los 38 años, en un accidente de tráfico ocurrido en Buenos Aires.

José Pérez es un reconocido periodista de la zona con una memoria envidiable. Muy respetado en la liga de Río Tercero. Cuando se jugó el cotejo referenciado aún no ejercía, pero algo nos contó: "Llegué tarde al partido, en ese entonces era estudiante y me la tenía que rebuscar. Estaba laburando en una obra en lo que es hoy barrio Las Flores. Fue a comienzos de 1987. A la Chacha Villagra no se la dejaban tocar, había entrado de suplente, y hubo una discusión, algún empujón, y resolvieron que la Chacha saliera. Estaba muy nervioso –se ríe-, era un partido amistoso. Eso lo tengo presente. También la impresionante velocidad de Parmigiani, muy veloz, yo ya lo había visto jugar, pero no de tan cerca. Cuando terminó el partido estuve hablando con él, me dijo que si no se la cobraran me regalaba la camiseta. 'Te la hubiese regalado porque sos muy hincha de Belgrano, pero no puedo porque me la van a cobrar', me dijo. Parmigiani, un muchacho muy agradable. Fitz Simon jugó muy bien".

El técnico del "Canario", como se lo conoce a Fitz Simon en el pueblo, era Jorge Gil, que con el tiempo se transformó en presidente del club. Y él se sorprendió con la decisión del "Machito" Usandivaras, que no quiso jugar.

-No jugué ese partido –sonríe Usandivaras, que actualmente es empleado de EPEC-, yo lo seguía mucho a ese equipo. Era muy seguidor de Belgrano y los quería ver. El Leo y el "Suruco" la destrozaron, no lo podían parar. Tal es el caso que Marchetta se los llevó a Belgrano, entrenaron los dos con ellos, y después hubo problemas con el pase, no sé. Lo que jugó Fitz Simon ese día fue espectacular. El Leo Gómez fue impresionante.

El Leo
Cuando se jugó el partido se estaban terminando de construir los vestuarios en la cancha, conocida popularmen-

te como "La Jaula".

En las calles lindantes hay muchos árboles, con un verde fuerte en primavera y verano, que le dan un toque especial. Muchas veces, y seguro en aquella ocasión también, se solía ver a algún hincha subido a sus ramas para ver los partidos. Las imágenes de aquel día muestran que los pinos ya estaban. Todo un símbolo para esa barriada. Bah, en Embalse abunda el verde, verde con distintas tonalidades... verde esmeralda, verde viridian, verde jade, verde trébol, verde botella y hasta verde lima en otoño. Embalse y su verde constante, en consonancia con las sierras, el lago y el río.

-Por entonces yo jugaba en 9 de Julio de Río Tercero, que en esa fecha aún no había dado comienzo la pretemporada; veraneaba en Embalse y se me invitó a jugar. De por sí el fútbol es muy emotivo por lo cual se creó un clima de alta autoestima entre los jugadores. Son esos partidos 'que te sale todo bien y a todos'. Uno de los partidos más importantes de mi carrera y con un gol al Negro Ramos. Todavía recuerdo la pelota entrando a la red después de un pique de veinte metros con asistencia de mi hermano Cote -narró con la emoción a flor de piel Leonardo Gómez, un atacante legendario de la Liga RioTercerense, que aún guarda recortes de cuando entrenó con el plantel "pirata" en el polideportivo.

Martín, el personaje de César Aira en su novela homónima a la localidad de la que estamos hablando, había advertido que "desde su llegada a Embalse había vivido una atmósfera de fútbol, fútbol y fútbol". Es que en Embalse se vive fútbol, fútbol y fútbol, más allá de las chicharras que se escuchan menos que antes, o el casino, que se había inaugurado tres años antes de nuestra historia, o el lago y su esplendor como el más grande de Córdoba, o el Festival de la Fe y el Folclore que en 1986 se estableció a través del recordado "Padre" Pepe. Sus encantos paisajísticos están impregnados de "una atmósfera de fútbol, fútbol y fútbol"... "y bochas" como describe el celebrado escritor.

El regreso de Scatolaro

En abril del año anterior al partido de nuestra historia Belgrano se consagraba campeón del torneo Regional organizado por AFA, con un equipazo que estuvo 40 fechas invicto. Y uno de los delanteros de aquel elenco era Luis Scatolaro.

El atacante entrerriano estuvo en esa pretemporada en el Valle de Calamuchita. Y fue muy especial para él. Es que volvía a pisar una tierra por la que había transitado en su niñez con los compañeros del primario.

-Me acuerdo perfectamente de esa pretemporada en Embalse... Yo venía de una lesión en los isquiotibiales, una operación; y fuimos ahí, muy bonito por cierto... Me acuerdo de un hotel donde iban los del programa escolar de Evita, al complejo hotelero, que me tocó ir con mi escuela de Chajari, Entre Ríos, cuando hice el séptimo grado –relata Scatolaro, desde México, donde está radicado ahora y es entrenador-. En la vuelta de Perón a la Argentina daban viajes a todos los chicos del país, de las primarias, de Séptimo grado, fui a Embalse con mi colegio. Fue mi primer viaje fuera de mi pueblo - se ríe-, me acuerdo perfecto, porque me tocó volver.

La Unidad Turística de Embalse, ese complejo hotelero del Estado, tuvo parte de su esplendor en la década del '70, donde miles de familias conocieron las sierras cordobesas gracias a aquel programa gubernamental. Hoteles populares y solidarios. Hoteles que los últimos gobiernos dejaron abandonados. Otra historia.

En el "Pirata" Scatolaro jugó 107 partidos y marcó 22 goles. Pero en tierras embalseñas ante Fitz Simon no jugó.

-Marchetta nos llevó a Embalse de pretemporada, yo venía de una lesión, me había lesionado en septiembre, Tito Cuellar era el técnico. El Tato Martelotto también se recuperaba de una lesión. Fue a principio de enero esa pretemporada, si mal no recuerdo. Sí me acuerdo que Jota Jota también estaba lesionado, y entrenábamos juntos en el gimnasio. Yo no estaba todavía para hacer fútbol, por eso no jugué, seguro. No me acuerdo del partido. Sí de la pretemporada, todos los días salíamos a caminar con Juan José López. Fue muy lindo para mí volver a ese lugar, la pasé muy bien.

El Coté

La leyenda cuenta que los embalseños estaban jugando un partidazo. No se notaba que un par de horas antes habían estado en el lago bañándose. Todas le salían. El Leo Gómez estaba imparable y Alejandro Chiera le metió un patadón, "me cagó a patadas", recuerda; Ramonda no podía con el Beto Toledo, relatan, y el Suruco Aranda hacía de las suyas por derecha. Tan es así, que luego Leonardo Gómez y Fernando Aranda fueron a entrenar con el plantel celeste, en el Polideportivo.

Hasta que llegó ese momento...

El instante que lo hace más emocionante.

Hubo que pasar, claro, el plumero de los recuerdos, para sacar la mística que provoca el paso de los años y la subjetividad por lo propio. Se trata de creer, también. Pero José Pérez, periodista que estuvo en la cancha lo recuerda con precisión, también el "Cacho" Carballo que era un niño y creció con ese recuerdo, y el "Machito" que todavía se sorprende al rememorarlo. El "Juanca" Álvarez me narró esa anécdota tiempo atrás en un sanatorio y se llenaba de emoción al hablar del gol. Y son coincidentes los testimonios, no solo de los jugadores del Fitz Simon, sino de los asistentes a ese juego de 1987. El partido estaba 3-2. La pelota venía llovida. Cruzó el área. Y él, José Gómez, con esa clase que lo hizo un jugador diferente en la zona, que era motivo de admiración de los pibitos embalseños, entre ellos quien escribe este relato, se elevó en el aire, después de dejarla picar, y ensayó una tijera. Una pirueta propia de un futbolista distinto. Todos quedaron asombrados. El "Negro" Ramos voló. No llegó. ¡Gol! Por más que los jugadores de Belgrano no se acuerdan, en Embalse son cientos que afirman que lo vieron, que fue un golazo. ¡Go-la-zo! 4-2 era el resultado. Y ante tamaña muestra de talento, el "Negro" Marchetta no quiso saber más. Se paró del banco de suplentes y dijo: "Listo, partido terminado".

El partido finalizó en el instante del gol del "Coté" Gómez.

El mito dice que Marchetta los retó en el vestuario a los jugadores de Belgrano, que no les dio la noche del sábado libre como les había prometido y demás que nunca pudimos confirmar. Lo cierto es que rápidamente los profesionales se olvidaron y después hicieron un torneo espectacular en la B Nacional. "Fue uno de los últimos grandes grandes equipos que tuvo Belgrano", resalta Juan Del Campillo, coleccionista de casacas celestes, al rememorar aquel plantel.

Se olvidaron. Fue un partido más. Pero en Embalse no, ese partido se sigue jugando en la memoria de los que estuvieron. Se repite el golazo del "Coté"... se repite, se repite, se repite. Una leyenda popular del pueblo. Inolvidable para unos, olvidado por otros.

(*) Publicado originalmente el 28 de abril de 2020 en *La Nueva Mañana*. Escrito con la colaboración de Santiago Carballo.

"¡A PESAR DE LOS AÑOS, LOS MOMENTOS VIVIDOS, SIGO ESTANDO A TU LADO…!

"La poesía de los astros era su ausencia". (César Aira)

Risas. Carcajadas. A algunos les salen lagrimitas y están tentados. Se señalan entre ellos mientras la risotada abunda. Parecen niños, aunque todos ya ingresaron a las cuatro décadas. Pero en esa larga mesa donde hay gaseosas, cervezas, vino, agua y todo tipo de cortes de carne, vuelven a la infancia, a la adolescencia...

En esa reunión anual de cada septiembre preservan momentos añejos, preservan el sentido de la amistad.

Tiempo atrás fueron un equipo de fútbol exitoso en resultados. Pasaron los partidos, las vueltas olímpicas, los partidos ante Instituto o Estudiantes de Río Cuarto, los goles, las derrotas, los fracasos, los éxitos, las lesiones, el retiro, pero sobrevivió el ser amigos.

Lucas viajó desde Catamarca, el Leo desde Villa María, Diego desde Tucumán, alguna vez el Rodrigo desde el sur, Franco y Pablo desde Córdoba y así... para reunirse, otra vez, y cantar loas a la amistad. Es muy probable que a alguien se le ocurra contratar al mejor pintor o fotógrafo para que retrate y fije esos instantes, pero no es relevante, todo está guardado en la memoria. Memoria que veces es traicionera y olvida. Olvida como quién hizo el gol de la final en la cancha de Atlético Almafuerte, pero jamás olvidará las travesuras en Oliva.

Las risas no están ni sincronizadas, ni tienen armonía. Se ríen. Pero cuando jugaban al fútbol vaya que eran sincronizados y armoniosos, más allá de la velocidad que tenían el 'Chamini' y el 'Cucho'.

César Aira, siempre volvemos al candidato al Nobel de literatura. ¿Logrará lo que Borges no pudo? Pregunta que no hace falta responder en este relato. Y tampoco interesa, aunque estemos expectantes de que lo reciba. Volvemos, Aira escribió en *El Gran Misterio* que "los recuerdos de infancia suelen ser invenciones, verdaderas creaciones de adultos que practican la poesía sin saberlo". Es probable. Por eso busqué confirmar esas remembranzas que tenía sobre la famosa clase '79 del Fitz Simón, que salió bicampeona en el fútbol infantil de la Liga RioTercerense de Fútbol a comienzos de la década del '90 y que tenía unos jugadores bárbaros; y que afuera de la cancha eran unos "personajes importantes", de "dañineadas", como describirá más tarde Leonardo Medina, y múltiples travesuras. "Éramos unos sinvergüenzas", se describen, entre risas. Y no, no era una invención de la memoria, era real.

Unir retazos, ir tras las huellas de aquellos días, meterse en el túnel imaginario de los tiempos, un juego que provocó una evocación, porque quien escribe este relato no era de la clase '79, pero gracias a la generosidad del 'Viviqui' Lima y el Eduardo Guarini jugué varios partidos con ellos. Pero la historia no me incluye, la historia es de este grupo de amigos que hizo historia en Embalse y cada septiembre se reúne a celebrar con convicción y virtuosismo los pasajes y paisajes de un tiempo lleno de gloria.

Gustavo Lima hurga en su memoria y trata de recordar: "La primera formación jugaba con Zapallo Tolosa en el arco, Fede, Sapo Villarreal, Mateo y Almirón; en el medio Piter, Lucas Cáceres, Manzana Villarreal, Chamini, Gustavo Lima y Diego Menichetti. Después nos mezclábamos mucho con la '80, sabían jugar con nosotros Marquitos Vélez, Lucas Alesandri, Leo Medina, el Cristian Cabrera, que era arquero, también Joaquín Chanquía. Pero de la '79 también estaban Pablito Barrientos, Lorenzo Rosa, había un chico que no me acuerdo el nombre, le decíamos chileno, el Choco López también. Ah, me estoy olvidando del Franquito Suárez que la rompía…".

Al mismo tiempo, Gustavo Aguilar, popularmente conocido como 'Piter', también intenta armar el equipo. "Algunas imágenes se me vienen a la memoria. Hay una foto donde estamos casi todos los que jugamos esos años. Con esa foto el equipo creo que era Cristian Cabrera, Fede de dos, de tres yo, de cuatro el chileno, el seis era el Sapo, de cinco el Lucas Cáceres, lo acompañan Toloza y el Manzana, arriba Chamini, Franco Suárez y el Negro Lima. En el primer campeonato que salimos campeones le ganamos la final a Independiente de Hernando. Jugamos la primera final allá, era ida y vuelta, empatamos creo que 1-1 o 2-2, después en Embalse ganamos 1-0 y salimos campeones. Al año siguiente también salimos campeones. Le ganamos a Belgrano de Berrotarán la final. Empatamos en Berrotarán, empatamos en Embalse y tuvimos que ir a un tercer partido en cancha neutral, que fue en cancha de Atlético de Almafuerte, y ahí ganamos 2-1. Salimos campeones y fuimos al provincial".

"Me sumé a los 9 o 10 años al grupo de la '79 con Viviqui Lima como técnico. Jugaban Zapallo Tolosa, Fede Alesandri, Marcos Vélez, Piter Aguilar, Chamini, Gustavo Lima, Juani Luengas, Lorenzo Rosa, Pablo Barrientos, Mateo Torres, y algún otro que no me acuerdo. Cuando pasamos a cancha grande se sumó Franco Suárez, que venía de La Playosa como crack, Manzana Villarreal y Sapo Villarreal de Belgrano y Atlético de Almafuerte, Diego Menichetti de Belgrano de Almafuerte, el chileno que suplantó a Mateo Torres para toda su vida, Diego Erroz que venía de Córdoba y dos más de Santa Rosa que no recuerdo los apellidos. También de refuerzo vino Cabrera de Atlético de Almafuerte, el Aníbal de Berrotarán. Con ese equipo jugamos por todos lados, creo que fueron dos campeonatos y dos subcampeonatos, con el Viviqui y después Guarini como técnicos", relata Lucas Cáceres, que hoy es un prestigioso médico que trabaja en la provincia de Catamarca. El otrora volante central, que previo a jugar en el 'Canario' estaba en Belgrano de Almafuerte, debido a que su hermano Adrián jugaba en aquel club y le quedaba más cómodo, también resaltó: "Para mí ese grupo de fue mi primer equipo en el cual tomé noción de la importancia de ganar o perder, de salir segundo o salir campeón, y de lo que es el dejar todo por el equipo y por tus amigos".

Pablo Ariel Villarreal es más conocido como 'Manzana'. Era un jugador tremendo de infante. Oriundo de Almafuerte, jugó dos años para Fitz Simon. Se disculpa cuando le consultamos por aquel tiempo. "Me acuerdo muy poco", expresa. La niebla de la lejanía. Pero al rato, nos tira algunos datos: "Yo salía del colegio y picaba para Embalse. No recuerdo mucho, perdón. Salimos campeones después de muchos años que no ganaba algo el Canario. Era muy fuerte esa '79. Ganamos una final en la cancha de los Loros, contra Belgrano de Berrotarán, en un tercer partido… A Fitz Simon fui con el Cristian Cabrera y el Gera Moscoso, eran '80 los dos, pero Cristian atajaba para la '79... Estuve dos años en Embalse, después jugué en Atlético y terminé en Belgrano de Almafuerte. Por trabajo no pude seguir jugando, no podía entrenar", rememora, y agrega: "Yo vivía con mi vieja, y bue, laburaba y cuando tenía libre jugaba si no, no".

Actualmente el 'Manzana' Villarreal es técnico de las inferiores de Belgrano de Almafuerte. "Cuando voy a Embalse me tratan de maravillas. Dejé muchos amigos, que es lo más lindo para mí", expresa.

¡Lo que es el paso del tiempo! Y la memoria que se

vuelve traicionera. Pablo Villarreal marcó el gol de la final con la que salieron campeones, y en ningún momento lo recordó. Se acordaba más de los compañeros, de los amigos y no del gol que le permitió al equipo dar la vuelta olímpica.

¿Cómo? ¿Manzana hizo el gol? José Pérez, periodista y locutor de gran experiencia y respetado en la zona, busca entre sus anotaciones. Y está varios días buscando, hasta que encuentra ese papel. "¡Acá está! Revolví toda la casa buscándolo", exclama.

"Fitz Simon sale campeón en 1992, un sábado a la tarde. Fue la primera vez que el fútbol infanto-juvenil obtenía un título de la Liga de Río Tercero. Hasta ese entonces había antecedentes de muy buenos equipos, con el correr de los años la categoría que más títulos le dieron a Fitz Simon fue la Reserva, tanto en el Ascenso como en Primera. Incluso entre 1989 y 1991 la Reserva llegó a tener 50 partidos invictos. Bueno, aquella final de la '79 me tocó relatarla, fue la primera vez que la Delta transmitía una final de fútbol infantil de la Liga. Es inevitable emocionarse. Fitz Simon jugó con Cabrera en el arco, en la línea de fondo Piter Aguilar (luego reemplazado por Gómez), Federico Alesandri, Villarreal y Lucas Alesandri; en la mitad de la cancha el 8 Leo Medina, el 5 Sebastián Toloza y con la 10 Pablo Villarreal; en el ataque el 7 Gustavo Lima (reemplazado por Lucas Cáceres), con el 9 Suárez (reemplazado por Menichetti) y con el 11 Moscoso. Estuvieron en el banco Cirio, Gómez, Menichetti, Rosa, Cáceres, Barrientos y Ruiz Vergara. El técnico era Viviqui Lima. El árbitro fue Daniel Sarmiento. Fitz Simon le ganó a Atlético Almafuerte por un tanto contra cero, con gol de Pablo Villarreal a los 19 minutos del segundo tiempo. El gol fue en el arco que le da la espalda a la vía del tren. La particularidad es que a los 20 minutos de esa segunda etapa, en el arco que da a la cancha de Belgrano, hay penal para Atlético, que Álvarez remató y pegó en el travesaño…", narra Pérez. Siempre hay que consultar a José Pérez.

¿Importa a quién le ganaron? ¿Importa la cancha? Damián Felicia, ex jugador de Instituto y Talleres, me decía un viernes a la noche, que nadie se acuerda quién salió campeón en el '94 o quién ascendió en el '95. "Pasa el tiempo y deja de ser noticia". Y él se acordaba que después de un penal que falló en un clásico en Bolivia, estaba triste por eso, y su compañero Pablo Burtovoy le dijo: "Dami, todo sigue igual, hoy vas a ser noticia, pero mañana esto va a ser historia. Tenés que aprender a cicatrizar rápido y avanzar".

Avanzar...
Avanzar...
Tanto en el triunfo como en la derrota, avanzar...
Tanto en los goles como en los penales errados, avanzar...
La noticia pasa, queda en la historia, pero "la vida sigue", me explicaba Felicia, y resaltaba que lo mejor es lo que dejaste en ese grupo, en ese plantel, en ese equipo.

Esta clase '79 del "Canario" embalseño salió campeona, pero no se acuerdan a quiénes le ganaron, quiénes hicieron los goles en las finales, quiénes eran titulares o suplentes... Se acuerdan de que fueron (y son) un grupo de amigos.

"Lo mejor del fútbol son los amigos que nos deja y gracias a Dios son los amigos que tengo hoy en día. Una vez al año nos juntamos todos a recordar anécdotas, y con los que están acá, en Embalse, nos juntamos siempre a compartir asados, comidas con todas las familias. Los amigos que me dio el fútbol son para toda la vida", exclama el "Cucho" Lima, que cuando estaba pisando la adolescencia dejó el pueblo para sumarse a las divisiones inferiores de Rosario Central. En enero de 1994 se fue al semillero "Canalla" con

14 años. "Fue una hermosa experiencia", sostiene. Estuvo seis años en esa prestigiosa cantera donde compartió equipo con Daniel "Cata" Díaz, Cristian Campestrini, Luciano De Bruno, entre otros; hasta que quedó libre a la edad del contrato. Regresó al pago, pero continuó jugando al fútbol. Actualmente es el capitán del primer equipo del Fitz Simon.

El "Cucho" Lima era un delantero peligroso. Rápido, potente y hábil en el área. Así lo recuerdo, aunque la memoria no es de fiar. Pero tengo presente que él marcaba diferencia y mucha en esos partidos. Escribe Aira en *Pinceladas musicales* que "ese realismo alucinatorio debería hacerme desconfiar más todavía". Producto de esa desconfianza, busqué en Leonardo Medina, otrora mediocampista del Canario, clase '80 como quien escribe, pero habitué jugador de la '79. Y él, entusiasmado en el recuerdo, confirma: "¡El negro Gustavo tenía una calidad para jugar! Tenía un cañón en la pata. Estaba en el área y ahí jugaba antes de irse a Rosario. Era goleador y definía siempre. Me acuerdo de un gol de él, que se tira de palomita, deja pasar la pelota y la engancha con el taco. ¡Terrible ese gol! Me lo acuerdo muy bien, porque fue en un partido importante. Era muy sencillo para jugar, cara de enculado para jugar, sencillo, fuerza, potencia, y una fuerza abusa para esa edad para pegarle a la pelota... Arriba jugaba con el Chamini, que era un petardo. Néstor Vivas más conocido como el Chamini. Fue muy importante en el equipo ese, después falleció. Se me vino a la memoria el Chamini. Se acuerdan siempre de él, tenía una velocidad impresionante. Estaba con el negro Gustavo adelante. El Chamini era más ligero que el Gustavo todavía, pero él iba por afuera y el negro Gustavo por adentro. Los dos eran veloces...".

En la remembranza del "Chamini" Vivas está presente, en todo momento, que siempre era acompañado por su tío Elio a la cancha.

Los dos delanteros rápidos eran el Chamini y el Cucho. Y otro pilar fundamental del tridente ofensivo era Franco Suárez. Un delantero elegante, muy recordado por su juego y capacidad para definir en el área. Suárez jugó muchos años en Fitz Simon hasta que se fue a estudiar a Córdoba allá por la temporada '98/'99. Aunque luego volvió al 'Canario' en el 2009. Estuvo jugando en el 2011-2012 en Defensores de Pilar, en la popular Liga Independiente. Actualmente es productor de seguros y junto a su esposa realizan trabajos relacionados al marketing, comunicación y publicidad. Pero sigue jugando al fútbol. Lo hace en el torneo amateur Campa en la ciudad de Córdoba. "Es difícil colgar los botines definitivamente", cuenta. También se lo supo ver jugando en el torneo de la UCFA.

Y en la catarata de remembranzas, Franco Suárez exalta: "Teníamos muchas cosas buenas en ese equipo. Todos nos divertíamos, la pasábamos bien. Éramos muy compañeros y disfrutábamos ir a entrenar y jugar al fútbol. Futbolísticamente e individualmente había muchos, pero muchos buenos jugadores, pero lo mejor que tuvimos fue nuestro técnico, quien empezó todo, el Viviqui...".

Una breve charla con el "Viviqui"

Cuando empecé a armar el rompecabezas de esta historia, con el último que hablé fue con el Viviqui. Lo confieso: me costaba; se debe al enorme respeto que tengo por ese hombre. Y a veces hay personas a las que se quiere guardar con aquella imagen inmaculada que propone la niñez, por temor vaya uno a saber a qué, a que el tiempo, quizás, desfigure sensaciones y apreciaciones. El Viviqui era mi técnico de niño y siempre sentí que ese hombre tenía demasiada confianza en mí y no sé si pude devolver esa esperanza. Por eso, tantos años después volví a hablar con él y por primera vez no lo traté de usted. Fue todo un reto para este cronista, porque se volvió personal, más personal que nunca.

Necesitaba la aclaración, ya que también expone al personaje, un tipo muy querido por todos los que fueron dirigidos por él.

El Viviqui Lima era (y fue) más que un entrenador de fútbol para esos nenes.

A continuación, una parte de ese diálogo.

-¿Qué te acordás de esos pibes, de ese equipo?

-Yo pienso que en muy pocos pueblos se encuentra tanta cantidad de buenos jugadores en una categoría. Es una cosa que ocurre muy de vez en cuando. Pasan muchos años para que aparezca una división parecida. Era una división de muy buenos jugadores todos –describe Lima, el popular Viviqui. Se le nota que se le infla el pecho al hablar de ese grupo de chicos-. Me da una gran alegría y orgullo que sean amigos, a pesar de no haber sido un buen ejemplo...

-¡¿Cómo?! ¿Cómo es eso que no eras un "buen ejemplo"?

-Yo era un tipo que inclusive fumaba –se ríe-. No sé si te habrán contado las cosas que me hacían con el cigarrillo. El Lucas Cáceres con una tapa de un bidón la llenaba de agua y me apagaba los cigarrillos. Yo ya sabía que era él –se ríe. Y empieza a recordar las travesuras que aquellos niños hacían–. Una vez el Lucas y el Federico estaban enojados porque los había puesto en el banco de suplentes. Estaban calientes. En un momento les digo, "oigan pónganse a calentar". Y al rato los veo, estaban con los botines al revés, mirando para afuera los botines, de esas historias hay diez mil. Era una división bárbara. Y la '80 también era una muy buena división, tenía muy buenos jugadores y muchos jugaron en la '79. Me dan orgullo porque ahora me ven, me saludan, me dan un abrazo y te das cuenta del aprecio que me tienen. Siempre fui respetuoso de los chicos, y los chicos conmigo a pesar de las jodas –relata aquel entrenador que hoy tiene 70 años, hace cinco años está jubilado, y ayuda a su esposa en el lavadero de ropas del pueblo.

-¿Y cómo era dirigir a tu hijo, Gustavo, que además era una de las figuras?

-No, no, yo siempre lo traté igual que todos. No hacía diferencia. En esa clase también jugaba el Guille Páez, yo no hacía diferencia y ponía a todos los chicos en lo posible. A no ser que sea un partido muuuy chivo.

-¿Te acordás del "Chamini"? ¿Qué recordás de él como jugador?

- Sí, era un muuyy buen jugador, tenía unas condiciones bárbaras. Iba a crecer cuando fuera más grande, era muy muy bueno, velocidad, gambeta, freno, le pegaba muy bien a la pelota, tiraba unos centros bárbaros. Buen jugador era.

"¡Viviqui, la Coca... Viviqui, la Coca!".

Ese cántico era habitual en cada viaje de los infantiles de Fitz Simon. Era como un grito de guerra arriba del colectivo, y entrenador tenía que pagarla a la llegada al pueblo.

"¡Viviqui, la Coca...!

El tipo se hacía querer... El Viviqui se hizo querer.

Un grupo fuerte y sólido

En 1993 se hace cargo de varias categorías infantiles Eduardo Guarini. Era el último año de la '79 en el proceso formador infantil en la Liga RioTercerense de Fútbol; y a Guarini le tocó ser el entrenador. Al comienzo no fue fácil, pero hubo todo un proceso que lo llevó al éxito, logrando el bicampeonato y quedando tercero en el Provincial.

-Cuando llegué, los chicos de esa categoría no iban a entrenar. Faltaban dos semanas para el inicio del torneo y no venía ninguno, incluso se habló de que no se iba a presentar esa categoría en el torneo. Y una semana antes cayeron todos, todos juntos. Tenían 14 años, pero tenían muuuuuucha personalidad. Federico Alesandro ya tenía ese don de líder, también Lucas Cáceres. Eran un grupo complicado, me acuerdo. Empezamos con un tire y afloje duro. Cuando yo me presento, les digo que el único pelotudo y loco era yo, y que no iba a ser fácil que me pasen por arriba. Hasta que un día vamos a jugar a Elena. Esta categoría era muy buena, muy buena, y goleadora. En un momento del partido íbamos ganando 10 a 0, sí, sí, así como suena, 10 a 0. Era un baile marca cañón (sic); y la única jugada que hacen ellos, la hace el 10, que le tira un sombrero al Lucas y salió jugando, pero apenas se dio vuelta el Lucas le agarró los tobillos y se los puso en la oreja, con tanta suerte que el árbitro no lo vio y el línea tampoco. Era para roja. Yo ya había hecho todos los cambios, pero lo saqué lo mismo. Cuando llegó al banco, le hablé y le dije que eso no se hacía. Bueno, terminó el partido, vamos al vestuario. Habitualmente nunca les digo lo bueno o lo malo de los partidos, sino que lo hago en la primera práctica. En el vestuario voy a confirmarles el día y horario de la próxima práctica, pero me di cuenta que algo pasaba y cuando estaba saliendo, me doy vuelta y les digo: "¿Alguien quiere preguntar algo?". Y Federico dice sí, yo. Era líder, de chico tenía esa personalidad. "Perdón, profe, ¿por qué sacó al Lucas?", me preguntó con tono fuerte. Y ahí les expliqué que le había pegado al 10 de ellos, y lo único que el chico había hecho era tirarle un sombrero. Entonces, Fede se para, menea la cabeza y me dice: "No sé si sabrá que este juego es para machos". Les dije que está bien pero de machos es pegar de frente, en mis equipos es así, de atrás nunca. A partir de ahí se solidificó el grupo conmigo. Vieron que les marcaba una tendencia de reglas y desde ese momento empezamos una muy buena relación. Por eso digo que las categorías difíciles son las más difíciles, y a mí eso me gusta. Me gusta domarlas y una vez que las domás, son las más fieles, como los caballos. Y empecé una relación muy buena con ellos hasta hoy. Es más, es con la única categoría del Fitz Simon con la que todavía tengo relación. Era un grupo corporativo, consolidado. Se paró el Fede ese día, pero todos lo apoyaban. El Viviqui los armó así de fuertes, que el grupo era lo más importante. Y es así, el grupo es lo más importante en cualquier equipo, que sean familia, y ellos se hicieron familia... El fútbol me regaló muchas cosas lindas, y como dice Guardiola, lo lindo del fútbol no son las victorias o los trofeos ganados, sí lo son las amistades recogidas en el camino.

Enfrentar a Pablito Aimar

Se dice que "la vida es nada más que una suma de momentos". ¿Será? Hay todo tipo de momentos, los rutinarios, los que se olvidan a los cinco segundos, los eternos, los crueles, los felices, los anodinos, los domésticos, los extraordinarios... momentos vividos. Y muchos de esos momentos vividos se transforman en anécdotas. Tanto dentro de una cancha de fútbol como en la vida. Y si son en compañía, mejor.

Por eso cuando todos recuerdan lo que pasó en la previa al partido ante Estudiantes de Río Cuarto parece que lo contaran a modo coral.

Al "León" riocuartense el "Canario" lo enfrenta en el torneo provincial en la localidad de Oliva. Llegaban los cuatro mejores equipos, tras superar distintas fases. Fitz Simon había dejado en el camino, por ejemplo, a Instituto, en una historia de idas y vueltas con el reglamento. Los cuatro eran Independiente de Oliva, River de Bell Ville y el referenciado elenco del "Imperio del sur".

El último partido era, justamente, ante ellos.

"Ese día, antes de jugar, durante la mañana y la siesta se llovió todo y Oliva se inundó. A tal punto que en las calles el agua te llegaba hasta las rodillas. Entonces, qué hicimos, salimos a correr por toda la ciudad, mojábamos a gente, era fin de año, y tipo 7 de la tarde nos avisan que se podía jugar, que habían desagotado la cancha y teníamos que ir a jugar. Fuimos allá a jugar, y solo nos metieron cuatro, porque ellos no habían salido, parecían profesionales. Guarini lo puso al Leo Medina para que lo siguiera a Pablo Aimar. Naaah, lo siguió un poco e incluso creo que hasta le hizo un caño al pobre Leo. En el entretiempo, ellos fueron y se cambiaron de ropa, y nosotros, que aparte habíamos estado todo el día corriendo en el agua, estábamos mojados, embarrados. Y hasta ahí llegamos…", rememora 'Piter' Aguilar.

Gustavo Lima se suma a la anécdota y agrega más condimentos: "En ese campeonato nos toca jugar contra Estudiantes de Río Cuarto, que tenía a Aimar y me parece que estaba Julio Mugnaini también. ¿Qué nos pasó? Ese día que jugábamos se larga a llover, con todo, un diluvio. Y bueno, nosotros qué dijimos, no se va a jugar. Todo Oliva inundado. ¿Qué hicimos los pícaros? Nos fuimos a correr, las calles tenían un metro de agua, corríamos en el agua, jodiendo, hacíamos carrera, un desastre hicimos. Jugábamos a las 7 de la tarde y como a las 5 nos avisan que el partido se jugaba sí o sí, que iban a sacarle el agua a la cancha con una bomba, y así fue, tuvimos que ir a jugar. La cancha era barro puro. Me acuerdo que la agarró Aimar, tenía la 10, era chiquitito y nos dio un baile bárbaro. Sin embargo, creo que no nos ganaron por mucho, a pesar de que estábamos muertos, si habíamos estado corriendo todo el día en el agua…".

Y Cáceres también recuerda: "Me acuerdo un partido creo que en Oncativo contra Estudiantes de Río Cuarto, me estaba pegando un baile Pablito Aimar y me hace seña Eduardo de afuera que lo parara. Así que en una que me tira larga lo dejé pasar y me le largué con tanta mala suerte que del otro lado se le tiró Lorenzo Rosa. Creo que lo lesionamos, pero nosotros también chocamos con la rodilla. Los tres afuera".

"Cuando jugamos con Estudiantes de Río Cuarto lo saco a Toloza y pongo a Leo Medina. Nosotros a Pablo Aimar ya lo conocíamos, el Letin Acosta nos había hablado de él. Lo hablé al Leo, le dije que él no juega, vos tampoco. ¡Pobre Leo, le tocó bailar con la más fea! Tuvo que marcar hombre a hombre a Aimar. Y Pablo se movía como una gacela y Leo lo buscaba por todos lados. Cuando termina el primer tiempo, me dice, `Eduardo, no lo puedo agarrar a ese hijo de puta. Cuando voy para un lado, él sale por otro´. Y era cierto. Jugaba antes de pararla, tocaba de primera...", cuenta Guarini, el entrenador en ese certamen.

La víctima del ídolo de Lionel Messi, recuerda entre risas y risas esa jornada. "Cuando fuimos a Oliva, quedaban cuatro equipos y estaba Estudiantes, que era un seleccionado de Río Cuarto, tenía a Pablo Aimar y creo que también estaba Constanzo y Pereyra y un petizo que terminó jugando en Newell's. Como anécdota del equipo es que llegamos y paramos en un colegio que era igual a la Belisario Roldán, nos dieron aulas como habitaciones. Paraban en el mismo lugar los árbitros… Me acuerdo que a mí me prestaron un par de botines del club local de Oliva, imaginate la pobreza de nosotros… Nosotros el primer partido lo ganamos muy bien, después para el segundo partido lo dejan al Federico Alesandri y Lucas Cáceres afuera para preservarlos, supuestamente lo ganábamos. Estudiantes gana, nosotros perdemos. Cuando vamos a jugar el último partido con Estudiantes habían ido la familia de los chicos, y se vino un tormentón, un domingo, una tormenta fuertísima; se larga a llover, y nosotros, los indios, salimos a correr a la ciudad, íbamos por los cordones cunetas. El Lucas, el doctor Cáceres, bañó una moto en la que iban dos chicas, la moto se les paró. Corríamos por toda la ciudad, y de ahí nos fuimos a la cancha y nos tirábamos de panza en el césped, la cancha era una pileta. Nos retaron los árbitros que estaban ahí y nos dicen `Retírense que el partido se juega´. Hicieron cuatro huecos, y sacaron toda el agua. Nosotros habíamos estado toda la tarde chivatiando por la ciudad y teníamos que sí o sí ganar para salir campeones… Volvimos a la cancha, y habían sacado toda el agua. Ese partido jugué de ocho y el enganche de ellos era Pablito Aimar. El primer tiempo lo jugamos bien, nos iban ganando solo 1-0. Salimos al segundo tiempo, nosotros salimos tiritando, todos mojados y ellos salieron sequitos, toda ropa nueva, seca, sequitos sequitos, y apenas arrancó el partido, en una lo voy a marcar de atrás, que era la que me quedaba, no sé en qué momento, qué hizo, y quedé mirando los reflectores; un ñoca me hizo, un cañazo. Y después nos hicieron como tres goles más… Futbolísticamente dejamos una buena imagen, como comportamiento siempre fuimos un desastre en todos lados…", grafica Medina, que desde hace una década vive en la ciudad de Villa María a unas cuadras de la legendaria Escuela del Trabajo.

¿Comportamiento? Narrar lo que pasó en Río Cuarto sin contar lo que pasó en ese colegio los días previos es como no haber contado esta historia.

¿Qué pasó?

-Me acuerdo la anécdota del Marquitos Vélez en Oliva –dice Gustavo Lima y se empieza a reír-. Nos alojábamos en una escuela que era igual a la Belisario Roldán. Estaba el Eduardo jugando a las cartas en un aula y nosotros al lado, en otra aula. Y nosotros éramos terribles, porque en esos torneos se juntaban la '79 con la '80 y armábamos unos equipazos bárbaros. Era verano y teníamos petardos y uno dice "¿Quién se anima a ir por el costado y tirarle un petardo por la ventana donde está jugando el Eduardo?". Y Marquitos se ofreció. Fue y se lo largó. No sabés el susto que se pegó el Eduardo. Pero el enojo fue peor. Nos sacó a todos afuera y nos puso en fila y nos dijo que si no saltaba quién fue, nos volvíamos todos a Embalse ya – se ríe a medida que va narrando. Parece que estuviera viviéndolo, ya sabiendo el final de la película, porque admite que ese momento fue tenso-, y Marquitos muy generoso hizo un pase adelante... Después el Edu se tranquilizó y pudimos seguir jugando.

-La de Marquitos Vélez es buenísima. Le dijeron que el que había tirado el petardo que diera un paso al frente y quedó solo. Es genial. Y Eduardo no sabía para dónde salir –narra también tentado Mateo Torres.

Guarini tiene otra 'versión'. Aunque saca a relucir aquella anécdota sin que se lo consulte. "Para ir a Oliva fue todo un tema porque había chicos que se llevaban materias y tuve que ir a hablarle a los padres y prometerles que los iba a hacer estudiar. Paramos en un colegio y los que tenían que estudiar sabían que a cierta hora tenían que estudiar. Una noche estábamos con el estudio y siento que por debajo de la mesa pasa algo, y era un petardo. Y les había dicho que si había alguna indisciplina, nos íbamos. Y los chicos lloraban, hasta que vinieron los árbitros, que también se alojaban ahí, que habían sido ellos, tal vez para cuidar a los chicos", relata. A Eduardo Guarini le cuento que la historia me la narraron varios de los protagonistas y ellos aclaran que Marcos Vélez se hizo cargo. "Ah, entonces si lo dicen los chicos está bien. Yo estaba loco, loco, odio la pirotecnia, pero nos íbamos, estaba loco yo. Encima a Marcos lo adoraba. Era una categoría brava, me hacían renegar mucho, pero también me hacían reír mucho, porque tenían cada arranque".

Aira, en esa fabulosa narración de destrucción del efecto realidad que es Embalse, describe al pueblo muy ligado con el fútbol "como una transmisión perpetua", donde los chicos juegan "al fútbol, a qué otra cosa" frente al supermercado. Más allá de lo que quiso explicar el novelista de Pringles, en esa localidad que está a ¡36 kilómetros de Río Tercero!, se respira aventuras futboleras.

Y esas aventuras, hoy transformadas en anécdotas legendarias, recuerdan golazos de ese equipo, pero también tropiezos risueños como los dos goles en contra que se hizo el Mateo Torres.

-Fue en Berrotarán. No solo me hice dos goles en contra en el mismo partido, sino que fueron en el mismo tiempo. Al día de hoy cuando lo llevo al Juancito, al chango mío que tiene siete años, a jugar a Berrotarán, veo el arco. Es como un karma que tengo –se ríe-. Los dos goles se los hice al Zapallo Tolosa. En esa época podías darle el pase al arquero, y yo los gasto a los vagos, les digo que el Zapallo era hediondo atajando y le echo la culpa a él –lanza una carcajada-, pero sí, los hice yo. En una se la cambié de palo, vos vieras cómo voló el Zapallo, y en la otra no le alcanzaban las manos para manotear y no llegó. ¡Dos goles en contra en el mismo tiempo! ¡Sensacional! –se sigue riendo Mateo, que es uno de los habitué a esas juntadas y a las bromas en el grupo de Whatsapp que armó Gustavo Lima-. Es un grupo increíble, nos seguimos juntando. Tenemos el grupo de Whatsapp y nos hacemos bromas todo el tiempo; nos ponemos sobrenombres; el Joaquín Chanquía sigue con sus mentiras, en el grupo no se puede hablar, todo el tiempo nos estamos 'alzando', parecemos al Choco López. –Y lanza otra carcajada. Se le nota la felicidad cuando habla de sus compañeros. Torres acompañó a Alesandri doce años en la gestión gubernamental del Municipio y desde este 2020 regresó a trabajar en el Banco Córdoba, además de continuar con su emprendimiento de cerveza artesanal. ¿Cómo se llama la empresa? Fitz Simon. Siempre el vínculo. La cerveza se distribuye en la zona, anda por Embalse, por supuesto, Villa del Dique, Rumipal, Villa General Belgrano, Almafuerte, Río Tercero, Berrotarán. Sí, en Berrotarán también, donde se hizo eterno con los dos goles en contra.

Como se habrán percatado, en este viaje narrativo me atreví a tirar algunos pases con Aira. Un lujo pretensioso, pero un juego al fin. Y en ese marco, Aira en *Pinceladas musicales* cuando describe su Pringles natal hace una descripción pueril muy característica. ("Quién". "El casado con la hermana del que compró la florería que está enfrente de la casa de tu prima la soltera". "Ah, ése". La falla de la memoria, con esos nombres que se resistían a volver, quedaba de ese modo compensada por el indestructible conocimiento de la red humana...). Y eso me pasó con "el chileno". Todos lo nombran. El "chileno tal", "el chileno era el lateral", "porque el chileno...". Pero nadie dice el nombre y apellido. "No sé, le decíamos el chileno". A rastrearlo. "El chileno vivía en La Aguada...". "El chileno no vive más en Embalse". "Me pareció ver al chileno en Rumipal". "El chileno ahora toca la batería...".

Y sí, el "chileno" vive en Villa Rumipal y su nombre es Juan Ruiz Vergara.

"¡Qué época aquella!", dice Juan apenas nos contactamos para hablar sobre aquel momento que para él es muy especial, ya que hacía muy poco había arribado a la Argentina. Se instaló en el barrio Santa Isabel, de Embalse, y a los tres días que había llegado al pueblo un flamante compañero de la escuela primaria lo invitó a jugar a la pelota. Jugar a la pelota como lazo de bienvenida. Y ese jugar a la pelota en el recreo de la Belisario Roldán, minutos después se transformó en un "¿Querés venir a practicar al club?". Y fue. No eran las instalaciones del Colo Colo, donde él jugaba antes de cruzar las cordilleras, pero era jugar a la pelota. Jugar, jugar, jugar... de eso se trataba, de jugar.

"Yo mucho no recuerdo, en esa época recién llegaba de Chile, y es como que tenía muchas cosas, era todo nuevo para mí. Muchas cosas juntas en la cabeza, venía de otro país, empecé a jugar en el club. Fui a mi primer entrenamiento y el técnico me convocó para participar. Yo jugaba en la '78 y en la '79. Salimos campeones, fuimos a jugar a un provincial, llegamos a un cuadrangular en Oliva, si mal no recuerdo, salimos terceros", describe Ruiz, que hoy vive en Rumipal, pero su familia aún está en Embalse. Describe y se disculpa por no recordar más. Y hurga en sus recuerdos. "Llegué acá y no conocía nada, al segundo día fui a la escuela y todos me miraban como sapo de otro pozo y al tercer día un chico me invitó a jugar al fútbol... Ese mismo día me invitó a practicar en Fitz Simon; fui, me senté en el banco, el DT me llamó, me puso, jugué y después me fui. Cuando nos estábamos yendo con los chicos pasamos por El Capri, y ahí estaba el Viviqui, con Soto y otra persona más que no recuerdo. Y el Viviqui me llamó. ¡Chileno, vení! Voy. ¿Querés jugar para el club?, me pregunta. Sí, le digo, pero tengo que preguntarle a mi viejo. Si te interesa, nosotros hablamos con tus viejos, me dijo, y yo me fui a mi casa como perro con dos colas".

El "chileno" no se acuerda nada de las finales. "Seguro se las ganamos a 9 de Julio de Río Tercero, que siempre salían campeones, pero no, no me acuerdo de nada", dice. Después de los títulos con la '79 jugó un año más en el "Canario", y dejó el fútbol, al tiempo se fue del pueblo y cada vez que andaba por ahí se encontraba al Viviqui o al Hugo Molina y estos le decían que volviera a jugar. No lo hizo, hasta que después se decidió regresar, pero al Náutico Rumipal, donde logró un ascenso. Hoy tiene una banda de música que hace canciones clásicas de la década del '80.

Dicen que la nostalgia es una pésima compañera de viaje, porque te distrae de lo nuevo. En este caso, quizás, sea la excepción. Aun con sus contradicciones.

El español Javier Marías, autor de una de las frases más

certeras jamás escritas ("El fútbol es la recuperación semanal de la infancia"), afirmó en el libro *Salvajes y sentimentales*, que el fútbol "incita al olvido". En el contexto de ese texto vuelve a ser efectivo. Pero para este grupo de amigos embalseños, es todo lo contrario.

"La enseñanza de haber compartido con estos muchachos fue tremenda, quedó una hermandad y aprecio que hasta el día de hoy compartimos... Dejábamos todo en la cancha, nos contagiábamos. Éramos vehementes. ¡No nos gustaba perder ni un amistoso! Éramos fuertes; y bueno, creo que eso lo trasladamos a la vida cotidiana; vos los vas a ver ahora y seguro nos gusta tener protagonismo, superarnos y ganarle el día a día a la vida", exalta el doctor Cáceres. Vivir, de eso se trataba, de eso se trata.

La vida a los 13/14 años no es la misma que a los 40. Seguro. Pero hay cosas que no cambian.

Eduardo Sacheri supo escribir que "nuestros recuerdos son un invento, una ficción, un relato que nos hacemos a nosotros mismos. Nuestros recuerdos son un cuento que nos contamos. Y en los cuentos la realidad tiene, sí o sí, que abandonar sus certezas y sus exactitudes". Es probable que esta narración haya sufrido deterioros de verosimilitud por el paso del tiempo. O como escribió Borges en "La otra muerte", "por lo pronto, no estoy seguro de haber escrito siempre la verdad. Sospecho que en mi relato hay falsos recuerdos".

¿Quizás? Quizás. Pero la mesa está servida, ellos están ahí, coinciden en sus anécdotas, en los registros de la Liga están sellados esos títulos, la Jaula fue testigo, pero sobre todo, y eso no se alteró, fueron las risas, esas carcajadas. Risotadas de nostalgia por un tiempo que ocurrió de infantes y risotadas de celebración por un compañerismo que se enlazó en el tiempo. No se alteró la amistad.

-La verdad que me resulta sumamente difícil elegir una frase que nos defina. Hoy podría decirte que había una energía, una magia que nos unía. Disfrutábamos todo lo que hacíamos juntos.

Y teníamos algo bien claro: para nosotros no había otro mejor en cada puesto que no fuera uno de los nuestros; y esto provocó que pudiéramos competir de la mejor manera y obtener resultados a favor (porque siempre queríamos ganar). Pero fundamentalmente entendimos lo más importante, que era disfrutar la vida juntos –resume Federico Alessandri, líder de ese grupo de chichos que al tiempo llegó a jugar en las inferiores de Belgrano, y ya de adulto fue elegido intendente de Embalse, y actualmente se desempeña como vicepresidente de la Agencia Córdoba Turismo-. A modo de frase podría decir: "Jugábamos y compartíamos los momentos con una energía tan elevada, que quedamos hermanos para toda la vida".

-Lo primero que se me viene a la cabeza es la emoción y las ganas con las que esperaba el sábado para ir a jugar al fútbol, preparar el bolso, ir a donde salía el colectivo o esperarlo al lado de la ruta, para disfrutar y compartir desde que nos juntábamos y subíamos al colectivo. Risas, chistes, cargadas sin fin, porque la pasábamos muy bien. Y la frutilla del postre era jugar al fútbol con mis amigos y tener la suerte de que ganábamos más partidos de los que perdíamos en esa época -le da el cierre, con una sonrisa, Franco Suárez. Fútbol, amigos, ayer y hoy-. Al resultado de lo que se generó en ese grupo en su momento lo seguimos disfrutando hoy, porque la mayoría somos amigos y nos seguimos juntando. La verdad que me genera mucha nostalgia, felicidad y mucho sentido de pertenencia a esa "Clase 79".

Amigos.

* Publicado el 20 de julio de 2020 en el sitio web de *La Nueva Mañana*.

SUEÑOS FUTBOLEROS, HERMANDAD QUE NADA PUEDE QUITAR

"A veces la felicidad está ahí, al lado nuestro y no nos damos cuenta".

¡Gran frase! No la dijo un filósofo y tampoco un religioso. No la escribió un autor de libros de autoayuda, ni la expresó un gurú de la nueva era. No. O tal vez lo dijeron, pero no en esta historia. El que expone esta sentencia con alegría es un futbolista que acaba de cumplir un sueño en su tierra. La dice y le pone énfasis un jugador de fútbol que soñó con las grandes ligas, pero su sueño lo obtuvo en un torneo regional del "interior" de la provincia de Córdoba.

¡Gol!

La noche previa a cumplir esa meta en una cancha de Hernando, Nicolás Zenón recordó sus días en las inferiores de Talleres, en las formativas de Belgrano y en su periplo por México. Rememoró aquellos partidos y sonrió.

En esa noche previa, Jeremías apoyó su cabeza en la almohada y con una sonrisa se acordó cuando eran unos niñitos y jugaban en el patio de su casa junto a Nico y "Cota", donde el portón era el arco. Se rió. "Jere" nunca se dio por vencido en el fútbol, ni cuando las adversidades le decían que era imposible. Soñó en las inferiores de Instituto, se ilusionó cuando debutó en Primera con Talleres, mantuvo esas esperanzas en los torneos federales. Jeremías Zenón agradeció a Dios cuando en el vestuario de Fitz Simon vio que a su lado se estaban cambiando junto a él sus hermanos más chicos.

"Los veía y decía qué lindo que es estar compartiendo con ellos después de mucho tiempo de estar alejados. Compartir vestuario, una cancha, los mismos colores y ganar. Pensaba en todo el sacrificio que hicieron mis viejos. Gracias a Dios, y a ellos somos lo que somos. Y sí, los otros chicos en el vestuario tiraban algún chiste, diciendo cuál de los Zenones (sic) era el mejor", relata, sonriendo, Jeremías.

¿Cuál será el mejor? ¿Importa? No obstante, Jere se adelanta a cualquier suposición: "Me parece que el "Cota" era el mejor, las lesiones le jugaron en contra".

¿Quién es el "Cota"? Es José Zenón, el hermano del medio en esta historia que tiene como origen las canchitas de los barrios de Embalse de Calamuchita. Pero los amantes del fútbol de inferiores rápidamente asociarán este nombre a aquel Talleres juvenil que en un mismo equipo tenía a Cristian Pavón, Emanuel "Bebelo" Reynoso y Victorio "Pipe" Ramis. "Cota" Zenón era una de sus figuras. Pero las lesiones le jugaron una mala pasada en su camino a Primera. Aquellos que conocen de las formativas albiazules lo resaltan.

¿Pero, por qué esta historia? La razón es que el fin de semana pasado, por la Liga Regional RioTercerense de fútbol, Fitz Simon de Embalse visitó a Independiente de Hernando con la particularidad de que en el sector derecho de su equipo, los tres eran los hermanos Zenón: Nicolás de lateral, "Cota" de volante y Jeremías de extremo. Todos por derecha. Y tal es que, el primer gol del partido se originó por esa banda.

"El primer pase fue de Jere. Estábamos atacando y me da el pase sobre la línea de lateral cerca del área de Independiente. Me acuerdo que quedé mano a mano con el tres, le amagué y me hizo falta. Después de ahí viene el centro de tiro libre y gol para el Canario. Sentís un orgullo, una emoción que no se puede explicar y más sabiendo que es para

Fitz Simon. A veces la felicidad está ahí al lado nuestro y no nos damos cuenta", relata Nicolás.

Disfrutar del fútbol. Reírse. Un pase. Varios pases. Un gol. Un abrazo. El vestuario. Las risas. Los sueños del fútbol y un oasis en el caos de la realidad. Fitz Simon ganó ese partido en condición de visitante. Fue un partido histórico, para ellos; no para el club, porque el récord de hermanos jugando en el primer equipo del elenco embalseño lo tiene la familia Gil. Fue una tarde soñada para los Zenón. Y el "Canario" ganó. En el pueblo, por ende, se celebró.

En el vestuario, uno de los ocurrentes tiró: "Falta que entre a jugar tu viejo y tu vieja". Todos celebraron el chiste. Afuera estaba Alberto, el papá. Feliz. En casa, engripada, la Gaby escuchó el partido por la radio con los ojos llenos de emoción. Ellos también habían cumplido un sueño; porque a veces la gloria no está en los partidos de la tele, sino, a la vuelta de la esquina, en la cancha del pueblo.

* Publicado en septiembre de 2018 en *La Nueva Mañana*.

CAPÍTULO 6

APRENDIZAJES

LA HISTORIA DEL LUCAS

*"En ningún sitio aprendí tanto de mí y de los demás
como en una cancha de fútbol".*
(Jorge Valdano)

Frente a la Plaza San Martín estaba tomando un café junto al Rolo. La noticia del día era el regreso de Jonás Gutiérrez a las canchas profesionales. Ambos estábamos emocionados. Entonces, le comencé a narrar la historia del Lucas.

Lo recuerdo como un volante central de mucha entrega. Sí, el Lucas Cáceres era ese tipo de jugador que no se rendía nunca. Jugamos muchas veces juntos siendo niños y adolescentes, aunque él era un año más grande. Lucas era clase '79, esa categoría del Fitz Simon que salió campeón con un equipazo. Estaban Gustavo Lima, Federico Alesandri, Piter Aguilar, Suárez, Almirón, el Choco López, el Chamini, el Zapallo y el Lucas Cáceres, entre otros fenómenos. Creo que también jugaban el Manzana y el Sapo Villarreal. Aunque era más chico, yo jugué algunos partidos (minutos) en ese equipo campeón, pero nadie, nadie, se acuerda. El Leo Medina, también más chico, jugaba en ese equipo. Y de él todos nos acordamos, por supuesto. ¡Qué jugadores!

El tiempo pasó y hoy Lucas es un reconocido y respetado médico. Pero sigue jugando al fútbol. Claro, el fútbol es nuestra pasión y a él, particularmente, le salvó la vida. ¿Cómo? Me lo contó el propio Lucas:

"En diciembre de 2009, como todos los 24, lo pasaba con mis viejos en Embalse. Y ese día hicimos partidito de fútbol con los amigos en la cancha de los 'Giles'. Ese día 24, a la tardecita, se armó rejuntado de futbolistas y ex futbolistas: Lima, ex Rosario Central, Diego Erroz, ex Central, Talleres, Mauricio López, ex Quilmes y Belgrano, Simón Chanquia, todavía profesional, mi hermano Adrián, ex Independiente y unos juveniles de Belgrano... y yo ya con poco resto físico en plena residencia de Traumatología.

Me paré de marcador central. Fue un partido muy intenso. En un ataque de estos juveniles pateó uno y yo le metí el cuerpo... ¡y justo la pelota me dio en las bolas! Me recuperé y seguí jugando. Ganamos 2 a 1. Saludamos, y así seguimos con los festejos de fin de año.

"Al mes yo continuaba con molestias. Consulté con unos urólogos del hospital, hicimos ecografía; salió una lesión dentro del testículo izquierdo. Me dijeron que era por el golpe y que tenía que hacer un control en 15 días. Al tiempo, otra eco... y resulta que la lesión era un tumor maligno. Me lo sacaron al otro día, hice un mes de radioterapia y con controles al principio cada 6 meses y ahora cada año. Pero ya curado le agradezco a Dios y a la virgen, y por sobre todo al fútbol, que me dio muchas satisfacciones en la vida, y entre tantas, esta, que me salvó la vida"...

Es que el Lucas no se rinde nunca.

(*) Publicado en el suplemento PODIO del diario *La Mañana de Córdoba*.

EL "NERO PRÁ" (*)

En los pueblos las anécdotas se transforman en leyendas. Con el paso del tiempo se van modificando, se exageran un poco, se le pone nuevos condimentos, pero forman parte del folclore y del acervo cultural de esos lugares. Los asados, los picados, las guitarreadas sirven para rescatar esas historias que el viento intenta hacerlas olvidar. Y permanecen.

De niño y adolescente, escuchaba historias de un equipo del pueblo que se había extinguido, que había desaparecido. En la casa de mi nona había una foto de aquel Obreros Unidos de Santa Isabel, donde jugó, y brilló, mi tío Lula. Entonces, cierta vez, escuché: "Vos la quitás y me las das a mí". Esa simple frase tenía una historia y un autor.

El protagonista de esa sentencia de ímpetu y valentía futbolera era un tal Nero Prá. Sí, así le decían.

En realidad, su nombre era Enrique Abraham Prax, pero en el pueblo lo simplificaron, y lo bautizaron como "El Nero Prá".

El morocho no era del lugar. No. Era de la ciudad de Córdoba, se había iniciado en las juveniles de Instituto.

Él supo contar que en la "Gloria" aprendió a jugar. Es decir, que cuando llegó a Santa Isabel, ya era respetado por su juego. Se paraba en la mitad de la cancha, con su porte y estilo marcaba presencia, jugaba y hacía jugar.

El tiempo pasó, aquel equipo de Embalse logró salir varias veces campeón en la zona, teniendo grandes y recordados duelos con el equipo de La Cruz. De acuerdo al libro

Las historias de El Talita, Miguel Ángel "Suruco" Aranda contó que aquel club "arrastraba mucha hinchada. El día domingo era especial para robar gallinas en el barrio, porque todo el mundo se iba a la cancha a seguir al equipo". Y sí, el tiempo pasó y aquel Club Deportivo Obreros Unidos de Santa Isabel desapareció en 1978. Entonces las historias se multiplicaron con el paso del tiempo. Y la leyenda del Nero Prá se agigantó. Incluso, se llegó a decir que falleció.

"El Nero Prá llenó de gloria y satisfacción a Santa Isabel", supo decir el periodista José Pérez, un prócer de la comunicación en la zonas de Calamuchita y Río Tercero. Y si él lo dijo, por algo es.

Hace un tiempo José Pérez rompió con un mito, pero a la vez dio un gran regalo a aquellos que vivieron aquella época dorada del club que tenía la casaca blanca con franja verde. Sí, lo encontró vivo a aquel otrora gran jugador. Lo llevó a la radio para hacerle una nota.

No paró de hablar. Se reía y acotaba ante cada comentario, como lo hacía en su época de jugador, que hablaba todo el partido y hasta cantaba canciones en medio de aquellos aguerridos cotejos.

Hasta que Oscar Haedo, quien también jugó en aquel Santa Isabel, pidió la palabra. Entonces, pudimos (o pude) descubrir la historia detrás del "Vos la quitás y me la das a mí".

–¿Me dejan contar una anécdota? –interrogó Haedo.

–Sí, por supuesto –autorizó Pérez en los estudios de la radio.

–El Nero Prá era un jugador distinto. Distinto para jugar y distinto para el tema vaso...

Las risas duraron varios minutos. Incluso los oyentes nos reíamos solos ante tal ocurrencia. Y ojo, la leyenda de este jugador, tenía ese condimento especial. Le gustaba el trago. El "Negro" Haedo, o "El Pastor" Haedo, como también lo han bautizado en el pueblo, siguió con su anécdota.

–Pero qué pasaba. El Nero Prá era distinto. Nosotros, los más chicos del equipo, tomábamos Bidú Cola y él tomaba Toro –se escuchan risas de fondo, y una lejana voz, casi inaudible, acota: "Vino Toooro"–. Escuchá. En la sede se juntaban todos los jugadores, con la hinchada. Y teníamos que jugar un partido muy importante. En esa época no se concentraba, pero los hinchas pedían que esa noche, debido a la importancia del partido, teníamos que concentrar. ¿Qué vamos a hacer? Vamos a llevar cada uno, cada familia, un jugador a la casa.

Entonces, el técnico y el presidente pidieron que "por favor, con responsabilidad, que mañana tenemos un partido importante". Mientras todos se repartían, el Nero Prá dice: "Yo me voy a ir con el Negro Haedo", mi padre. –Se vuelven a reír–. No, mi padre era una cosa tremenda, se acostaba en la segunda damajuana –más risas–. Entonces, bueno, mi padre lo lleva al Nero Prá a la casa. Llego yo antes y le digo a mi mamá: "Mamá, prepará que viene un jugador a dormir a la casa. Mañana tenemos una final, preparale la cama, prepará unas milanesas y comprá una Fanta...". "¿Ya llega?", me pregunta y le digo, sí, ya viene.

Un Taunus negro tenía, y llegó con mi padre. Con una bolsa llena de costillas y dos damajuanas de vino. "No, loco, tiene que jugar mañana", le digo a mi papá; y él me retó: "No, usted se calla. Él es como un hijo para mí, igual que vos". Y sí, lógico, yo era el hijo. Escuchá lo que hizo. Comieron el asado. Yo me acosté a dormir como a las once de la noche, y seguían. Cantaban tangos, y luego se fueron a El Quebracho, y de ahí a Almafuerte. Al otro día me levanto a las nueve y le pregunto a mi mamá por el jugador, dónde estaba. El Taunus había quedado a cien metros de la casa, con las puertas abiertas. ¡No habían podido llegar a la casa. Muertos los dos! El Nero Prá se levantó, y mi mamá, que era directa, le preguntó: "¿Usted es el jugador?" –entonces, el narrador cambia el tono de voz, y la hace como si estuviera borracho, media aflautada y continúa–: "Sí", le dice. "Yo le voy a decir una cosa, usté para mí es como una madre y sabe cómo la quiero a usté. Su hijo sabe lo que tiene qui hacer. Recuperarla y dármela a mí. Yo sé lo que voy a hacer, la agarro y pin-pin, adentro". Sí, después me decía: "Vos la quitás y me la das a mí".

Bueno, escuchá. Mi madre, sorprendida, le dice: "Pero usted en las condiciones que está, esta tarde no va a agarrar ni una tortuga...".

La risa inundó el lugar y se esparció como la anécdota que le ponía historia y autor original a aquella mencionada frase. Así eran aquellos tiempos. Ni mejores, ni peores. Distintos. Con otros tiempos, otros contextos, con vivencias y travesuras que se transformaron en leyendas, que le ganaron al paso del tiempo. Y la figura del Nero Prá quedó. Sí, jugaba borracho, dicen.

Tal es así que un día un árbitro lo echó de un partido debido al olor a alcohol que emanaba de su boca. Era así. Antes era así. Dicen que jugaba tan bien que podía haber jugado en forma profesional. Él lo confirma y se hace cargo: "No me preparé, perdí la oportunidad que me dio Dios. No fui inteligente y perdí mi oportunidad.

Lamentablemente me desvié. No me preparé".

El Nero Prá, qué jugador...

(*) Publicado originalmente en el libro *El Pase y otros relatos de goles olvidados* (2013)

EL DOLOR DE NO JUGAR MÁS

Son varias las lágrimas que brotan de estos ojos morenos, tristes, mientras escribo estas líneas. Tal vez no me fije en la prosa y las musas estén dando vueltas por otros rincones. No interesa. Quizás solo quiera descargarme. ¿Me permiten?

Dicen que cuando aprendí a caminar lo hice con una pelota al lado. Mis primeros recuerdos son jugando a la pelota. Gritando goles. Cuando tenía cinco años jugué mi primer torneo con camiseta. Fue en Almafuerte para un equipo que se llamaba "Los Pitufos". Después jugué otro con camiseta celeste y blanca ya en mi Embalse natal. En Racing de Embalse. Pero las calles de tierra y las canchitas de los barrios fueron mi lugar. Corriendo atrás de una pelota de fútbol. Esa alegría que provocaba tenerla en los pies, hacer un gol, salir corriendo a festejar. Soñar con ser futbolista. Admirar a Diego. Jugar y querer parecernos, aunque era imposible, a él, al héroe de 1986. Después empezaron los partidos en el club del pueblo, en Fitz Simon.

Siempre llegábamos a semifinales. Eternos terceros. Atlético de Río Tercero nos ganaba siempre. Esos partidos memorables…

La satisfacción de ponerte la camiseta, atarse los cordones antes de entrar a la cancha. Llorar por perder un partido. Festejar por ganar. Los compañeros. El equipo. Jugar a la pelota hasta que el sol se escondía. Pegarle al "fulbo" contra la pared una y otra vez con la pierna inhábil. Soñar que en el partido de mañana iba a hacer un jugadón y cuando me saliera el arquero haría una pirueta. Ensayar los jueguitos una y otra vez. Imaginar un caño o un doble caño como el que me salió en el barrio La Aguada de Reyes en un torneo nocturno. Nunca fui el mejor del equipo, pero me gustaba estar en equipos con buenos jugadores, pero por sobre todo con amigos.

Y desde chico esa pelota me dio amistades. De niño fue el Juan Nahas, un gran "9" que teníamos en el Canario y después de adolescentes en la Escuela del Trabajo de Villa María fue mi "hermano" Daniel "Pucho" Gon. Siempre me hice amigo de los goleadores. Curiosidad.

Jugar al fútbol. Jugar. Me pongo a pensar, y hoy, esta tarde donde me acaban de dar la noticia que me entristece, me consuelo diciendo que JUGUÉ al fútbol. Jugué, hice amigos, perdí, gané, reí, lloré, disfruté JUGANDO a la pelota. Ya con estos años encima seguí siendo feliz dentro de una cancha de fútbol, incluso enfermo o lesionado fui a jugar. Y a la larga ese bello capricho que Dios me regaló me "juega una mala pasada".

El traumatólogo me indicó la pantalla de la computadora donde estaba la imagen de mi pie. (Perdón, pero quiero llorar como lo hice en ese momento). Me mostró la deformación del dedo y me dijo la peor frase que jamás quise escuchar.

-Mire, usted ya no puede seguir jugando al fútbol, busque otro deporte.

¿Qué? A aquel niño hoy venido en "adulto" los ojos se le llenaron de lágrimas, como en este momento, incrédulo. ¿Cómo? ¿Qué es eso de no jugar más a la pelota? ¿Buscar otro deporte? El fútbol es el fútbol. Fue mi escaparate. Fue mi consuelo. Imposible. Tal vez todo eso dije con mi rostro. Y quizás el médico lo entendió y se apiadó.

-Puede jugar, pero le va a doler. Incluso si no juega le va a doler. Juegue, pero con cuidado.

Sí, dijo JUEGUE.

-Más dolor es saber que no jugaré más a la pelota -fue el saludo que le di al especialista mientras guardaba la receta con las inyecciones.

(*) Este relato fue publicado en enero de 2013 por el sitio web español El diario *Fenix*. A partir de este relato recibí, a los pocos días de su publicación, la invitación para escribir en la legendaria revista *El Gráfico*. Una situación triste se transformó en cumplir uno de los sueños de mi vida.

CAPÍTULO 7

BONUS

¿FICCIÓN O REALIDAD?

EL PICHICHU, EL ODORONO Y EL LECHÓN

"Los Canarios fueron amos y señores de los campeonatos relámpagos de Embalse y la región. Vivían todos juntos, eran superestrellas del balompié barrial. Marcaron una época".
(Cacho Carballo)

¿Y si Balzac hubiese sido futbolista? ¿Sería un volante elegante como Zidane? ¿Habrá jugado al fútbol Kafka? Me lo imagino de enganche, al igual que a Poe. No sé, es una idiotez, lo cierto es que a Rolo lo invitaron a un partido de fútbol para jugar en un equipo que se había bautizado "Los escritores". Ninguno era escritor, salvo el Rolo, que desde hacía cuatro años combatía sus noches de insomnio escribiendo una novela, y que, por ahora, muy lejos estaba del final.

El torneo se jugaba en Río de los Sauces. El premio era un lechón. Rolo estaba de vacaciones y se animó. Era un certamen relámpago. Se jugaba diez minutos cada partido, duraba todo el fin de semana largo, es decir que más o menos cada equipo en dos días jugaba unos ocho mini-partidos. Y el domingo se disputaban las semifinales y la final. Los escritores llegaron hasta semifinales. En esa instancia perdieron por penales ante Los Canarios, un equipo embalseño con larga tradición de triunfos en la zona.

El gratísimo aroma a choripán impregnaba la ropa. El Rolo estaba a puro repelente, mientras veía la final entre Los Canarios y el Bar del Negrazón. Sí, así se llamaba. En ese equipo jugaba un pibe de 16 años que la rompía: el Gringo Flores. ¡Una clase! Al tiempo el gran Lorenzo lo "descubrió" y terminó jugando en República Checa. [En 'El Pase y otros relatos de goles olvidados' cuento esa historia]. Era un partidazo. La final duraba más, diez minutos cada tiempo. A los 5' el Negro Odorono había clavado un golazo para Los Canarios y un minuto más tarde el pibito Flores lo empató de cabeza. Puff, lo que se pegaban esos muchachos. ¡Unos guadañazos, mamita! ¿El árbitro? El árbitro quería salir airoso y se hacía el gil.

Juan "Cabeza de clavo" Sosa rechazó la pelota como pudo cuando sucedió lo curioso. Ah, ¡el picnic que se harían el Gordo Soriano o Carlos Abín si lo hubiesen visto! Claro, lo relatarían mejor que yo; pero intentémoslo:

El balón rechazado le quedó al Negro Odorono, que la bajó de pecho, eludió a dos rivales y cuando estaba "cara a cara, cara a cara", dijera Corradini, el perro del choripanero entró al área y lo mordió. ¡Lo mordió! El Odorono pegó un grito que enmudeció a las chicharras del campo vecino. "Cabeza de clavo" pedía penal, el choripanero era el hermano del arquero. Es penal, decía el "Tori" Duarte y todos los Canarios se sumaron, mientras el Odorono se desparramaba por el suelo y el pichichu asustado por el grito se había pirado para el río.

Comenzaron, entonces, los empujones. Trompadas al

aire. Empujones van, empujones vienen, pasaron varios minutos y se dieron cuenta que el árbitro no estaba. ¿Y el árbitro? A los días el Rolo se enteró que el árbitro se había escapado. No quería saber nada y se fue tomar mate a la casa de su abuela que vivía a unas cuadras. ¿Y el partido? Terminó. El Negro Odorono se tuvo que ir a Santa Rosa a ponerse una vacuna, mientras los dos equipos decidieron compartir el lechón. Lo comieron en el medio de la cancha. Y "Los escritores" también se sumaron, pusieron para el fernet; y el choripanero, apenado por la situación, aportó unos kilos de falda.

(*) Cuento publicado en el suplemento PODIO del diario *La Maña-na de Córdoba*.

(**) Este relato tuvo el honor de ser corregido, en su momento, por el maestro uruguayo Carlos Abin.

Expongo a continuación un fragmento de la devolución que me hizo aquella vez este prestigioso escritor. No lo hago a modo de vanagloriar-me, sino para disfrutar su visión del fútbol de los barrios, regionales, que tanto amamos: "Es una historia brevísima, escrita con una llamativa economía de medios que no solo no la priva de claridad, sino que tiene la virtud de agudizar el efecto que provoca al lector. Muy bien por este lado. Tengo predilección por el 'fútbol chacarero' como le llamamos en Uruguay al que se juega en los campitos de las ciudades, villas, pueblos y caseríos del interior, zonas suburbanas y rurales, fútbol con calor popular en las entrañas de los protagonistas, en la cancha, en las hinchadas, en los boliches y en las esquinas; fútbol 'de entrecasa', de amigos que así como se abrazan -sobre el césped o en el laburo, en la calle o en la mesa de café- pueden convertirse en rivales irreconcilia-bles... que tarde o temprano vuelven al abrazo original. Fútbol, en fin, que siempre abre un espacio a la ternura, al humor, a la contemplación afectuosa, o cómplice o compasiva –según el caso- de la naturaleza humana. Nada de esto falta en "El pichichu..." de su autoría, y por eso, por todo eso, el relato me ha encantado. Simple, lineal, sobrio, concreto, breve: buen pulso, buen corazón...".

EL MURO ORIGINAL

Era un tipo muy raro en la cancha. Su perfil bajo, tal vez, hizo que solo los que entendían de fútbol afirmaran convencidos y sin dudarlo: "Es el mejor de los tres".

Era un tipo raro en la cancha. Parecía que tenía dos personalidades dentro del terreno de juego. Jugaba según el contexto y lo que tenía puesto.

Con la camiseta del club, era un defensor realmente imposible de superar. Pero cuando jugaba en el barrio era pura habilidad.

Repito, el Penano era un tipo muy raro jugando al fútbol. Era un fenómeno, para los que entendían de fútbol. Para otros era un muy buen defensor. Con la camiseta del Fitz Simon era seguridad, si no pregúntenle al Negro, al Mauri o al Tigre. Se paraba atrás y rechazaba con clase. Nunca la reventaba y desde pequeño supo lo que era salir desde el fondo con la cabeza levantada.

Recuerdo aquel verano que por la tele vi por primera vez jugar a Walter Luján en el Sudamericano juvenil de Chile. Lo recuerdo porque lo primero que dije fue: "Es el Penano", nada más que llegó.

Lo digo con mucho respeto, porque admiré y admiro a Walter Samuel. El Penano era como ese defensor que con el tiempo, con la camiseta de la Roma de Italia, le pusieron "El Muro".

Samuel fue un fenómeno, y el Penano también.

Pero no me canso de decir que era un tipo raro en la cancha.

Te sorprendía.

En el barrio se juega a lo que sea, todos lo sabemos. Y

el Penano en el barrio era crack, desequilibraba. No era defensor, era el habilidoso y creaba cada jugada con el Diego Flores. Ni qué hablar cuando en el mismo equipo, el que pisaba en el pan y queso se avivaba y, junto a ellos dos, elegía al Dieguito. Imposible que perdieran. El Penano les armaba las jugadas y los Diegos se cansaban de hacer goles de todos los colores.

Lo recuerdo como si fuera hoy. Yo lo vi, no me lo contaron. Fue un instante, y maravilloso para los que amamos jugar a la pelota. Fue en la canchita del Correo.

Para llegar a la canchita del Correo primero subíamos las escaleras hasta llegar al Instituto Secundario Mariano Fragueiro, y agarrábamos la calle, que en aquel tiempo era una mezcla de asfalto, tierra y arena. Esa calle ahora se llama "De los trabajadores" y es de adoquines y tiene unos lomos de burro impresentables. Pero ese es otro tema. Caminábamos, casi siempre alguno se sumaba cuando pasábamos por la cancha de bochas. Íbamos hasta donde está el Museo, el Museo Municipal Ingeniero Alba Posse, con esa edificación tan particular, llena de piedras grandes de colores oscuros, subíamos esas escaleritas, unos perros nos ladraban, doña Olmedo nos miraba sentada en una silla, y antes de entrar por el caminito pasábamos por el frente de la casa de la señorita Tere. El sendero se hacía más angosto. Era todo tierra y yuyos a su alrededor. Un sendero que cruzabas en 30 ó 40 segundos. Desde ahí veíamos el lago y si alguien todavía se estaba tirando de la bomba. En la última parte del caminito, el terreno se elevaba levemente. Y esa elevación producía que todo fuera especial. Los árboles tapaban la cancha, los yuyos también, y esa elevación de tierra tampoco te dejaba verla. Uno, dos, tres, cuatro, cinco pasos... y ahí estaba, el potrero más fabuloso del mundo. Con su pared de ladrillo añejado en su costado derecho, con el alambrado al frente, con la montañita que hacía de tribuna a su costado izquierdo, y nunca, jamás, con pasto el terreno de juego. Pero era hermoso. Tenía sombra; y eso en verano era especial. El potrero del Correo tenía la poesía de lo cotidiano y de lo diferente a cualquier otra canchita. Tenía arcos. Lo habían hecho los pibes del barrio. Tenía anécdotas, como esta del Penano, cuando en un picadito se pasó a todos los rivales, incluido el arquero, partiendo desde el arco propio y luego, con una sonrisa cómplice, hizo el gol. La llevaba atada. Toda la jugada la llevó atada a su pierna derecha.

No, no era Maradona. Lejos, muy lejos de serlo, pero "al Diego" lo admirábamos todos; y el Penano se animaba a emularlo ante los pibes del barrio. Después se hizo fan de Messi.

Cuando jugaba a la pelota, el Penano era dos tipos distintos, o parecía, ya que no era el mismo que defendía con la camiseta del Canario o el Supersol. Jugué con él y aprendí a adaptarme a las circunstancias. Compartí la camiseta cuando era el defensor difícil de superar, y era una garantía. Y compartimos tardes de verano, intentando tirarle un caño a alguno de los chicos del barrio, o mejor si eran de otros barrios.

Milan Kundera escribió en 1997 que "la palabra vida es la reina de las palabras. La palabra-reina rodeada de otras grandes palabras". Y eso es, "vida", vida pletórica alrededor de ese campito de fútbol. Nuestro estadio. El Penano se sentía vivo en esa canchita del Correo y ahí jugaba, jugaba, jugaba, jugaba a la pelota. Lo podía hacer en cualquier parte de la cancha, aunque en Fitz Simon era marcador central y en el barrio era un todocampista.

Por mi trabajo, vi y veo muchos jugadores. Muchos defensores y otros falsos habilidosos. Profesionales, ellos. La mayoría gana mucho dinero. Pocos juegan como el Penano lo hacía. Pero siempre tuve la impresión de que él nunca jugó con la ilusión de llegar (es subjetivo, y es muy probable que me esté equivocando). Tal vez por eso tenía el perfil bajo; quizás por eso prefería ir a un cumpleaños y le hacía falsas promesas a los técnicos que iban a buscarlo a la casa 25.

El Penano era un tipo raro en la cancha y cuando jugaba en el barrio esa sensación se multiplicaba. Se ponía medias de distintos colores y hasta zapatillas que no eran pares. Y no lo hacía a propósito. No le importaba. Nadie creería que fuera hermano del Dieguito (todos querían jugar con el Dieguito). Ambos tenían perfiles totalmente distintos.

El Penano era un tipo muy raro en la cancha. Su perfil bajo, tal vez, hizo que solo los que entendían de fútbol afirmaran convencidos y sin dudarlo: "Es el mejor de los tres". Yo lo dudo todavía, ya que soy su otro hermano.

* Cuento escrito originalmente en octubre de 2010.

TAMBIÉN LLEGASTE

*Una vez al "Negro" Fontanarrosa le preguntaron:
"Qué deseás para tu hijo?".
Y él respondió: "Deseo que los amigos se pongan feli-
ces cuando lo vean venir".*

El Petiso acaba de debutar en la Primera. Los diarios
hablan de sus gambetas, en las radios le hacen notas y en
la tele cuentan su historia y muestran sus goles. Todos en
la gran ciudad hablan de él y las repercusiones, por ende,
llegaron al pueblo.

El Petiso había tenido destacadas actuaciones en el club
de las sierras cordobesas y los cazatalentos pusieron los
ojos en él. Anduvo dando vueltas en las inferiores de varios
equipos de Primera, hasta que llegó al que le dio la oportunidad de jugar en el fútbol grande. Y llegaron los autógra-
fos, las entrevistas, las fotos.

¡Qué alegría que tenía cuando supe de su debut y observé
las repercusiones que tuvo!

Lo conocía desde bebé, era el hijo de la Gaby. Pero qué
gran satisfacción que tuve cuando lo encontré en un nego-
cio de la avenida Colón, en Córdoba.

Me miró, me reconoció rápidamente, me saludó con
atención y mientras la charla de ocasión se producía, con la
mirada tímida preguntó por vos, como quien pregunta por
su viejo maestro.

Preguntó sobre tu hijito y reconoció, con la humildad
que en los pueblos se consigue porque se educa con esa
vocación, que vos eras el crack.

Qué alegría saber que el Petiso llegó a Primera. Qué satisfacción saber que mantiene la humildad del pueblo. Qué felicidad me dio encontrar que te reconoce, a pesar de que "no pudiste llegar".

Boca, Belgrano, Racing... Estuvieron ahí. Al día de hoy no puedo creer qué pasó para que no hayas estado ahí; y eso que en Boca pasaste todas las pruebas.

El Petiso te vio jugar en la canchita del barrio y aprendió algo de esa gambeta, algo de aquellos lujos que hoy los profesionales no saben hacer.

Aprender... y entonces la remembranza viaja hacia tus inicios en la adolescencia, cuando armaste ese equipo de pibes del barrio, los entrenabas en la canchita del Correo y después participaban de torneos relámpagos por el pueblo.

Esos campeonatos en La Aguada o El Pueblito. ¡Qué manera de ganarle a esos chicos de El Pueblito! ¿Te acordás cuando salieron campeones en Barrio Comercial? Pensar que eras un nene y tomabas la responsabilidad de ir casa por casa a pedirles permiso a los padres para que los dejen ir. "Van, pero los cuidás, eh", te advertían. Y se iban caminando a esos potreros en los distintos barrios del pueblo. Y eso que Embalse es laaaaargo. Los pibes te seguían a todos lados, porque jugabas en Fitz Simon, y porque, entre nosotros, la rompías. "¡Yupi, Yupi, llegó el Dieguito…!", te gastábamos, pero nos daba orgullo. Y los hacías entrenar pases, tiros al arco... Esas "locuras" tuyas de armar tu equipo de Barrio Casitas. Y ahí estaban el Chancho, el Robertito Semeraro, el Nico Pérez, el Naranja, que era el arquero y vivía al lado de la canchita, el Darío Castro, el Fede Arias, el Eze Fia, y el Mati Santos... Sí, el Mati. Sí, se te pianta una lágrima cuando lo recordás. Lo tenés presente todos los días; cuando ves tele, al lado está el portarretrato del Mati, ese hermano de la vida que se fue antes de tiempo. Qué cosa, se hicieron amigos jugando al fútbol en el barrio, con ese equipo de niños-preadolescentes. Qué cosa, se hicieron íntimos jugando al vóley cuando estabas despechado del fútbol. Las aventuras que se contarían de cuando bailaban folclore.

La amistad como espejo. La amistad como reflejo. La amistad indispensable para recordar. Y vaya que hiciste amigos. "Ah, vos sos el hermano del Dieguito". Recordar el propio pasado a través de los amigos, por eso cuando te juntás con algunos de esos chicos, hoy ya grandes, se saludan con abrazos y a pesar de las distancias, se siguen sintiendo cómplices. Los hace sentir íntegros con su pasado, con su compañerismo, con eso que se aprendió en el barrio. Un espejo que te recuerda quién fuiste. Por eso cuando veo al Petiso reconocerte le veo sus ojos y su admiración. Por eso cuando encuentro alguno de esos chicos me dicen "mandale saludos al Dieguito". Los kilómetros, las responsabilidades, los años, separan, pero la amistad mantiene unido. Incluso más allá de la presencia física en la misma tierra. Con Matías se eligieron como amigos y como hermanos. Y siguen siendo amigos en esa unión espiritual. ¿O acaso te parece una casualidad que tu hijo sea amigo de la hija de él? No existen las casualidades. Por eso te hace feliz verlos juntos. Aunque te duela, porque son muy parecidos y lo extrañás. La primera juventud reforzó esa amistad que hoy está ligada en el plano espiritual, y te hace lagrimear. Conservar esos lazos. "Te acordás cuando..." y esas charlas de amigos con el paso del tiempo. Esos "te acordás cuando..." son como el regar las flores. Mantener activa la amistad también es mantener activa la memoria. Los nudos en la garganta. El deseo de volver el tiempo atrás, aunque sea un minuto.

Por eso llegar... ¿Qué es llegar?

Miro al Thiaguito Uriel, al Micky y la Gretita, y digo que

vos también llegaste.

Miro a tus amigos cuando te ven y les brillan los ojos, y pienso que también llegaste.

Te miramos con el Penano, la Emilse, Aldana y el Springfield, y estamos orgullosos. Sí, llegaste.

Estás jugando en Primera, construyendo una familia y educando a tus hijitos. No cualquiera es padre, porque no es solo el engendrar, es mucho más. Y aprendiste muy bien esa lección en casa. Por eso sos un gran padre y eso no se consigue en la vuelta de la esquina, así como esos profesionales que salen en la tele no consiguen hacer ninguno de los lujos que vos hacías con la pelota en la canchita del Correo.

Vos también llegaste y me seguís dando satisfacciones, como cuando jugabas en el club del pueblo y lograste el ascenso con "los rubios", o cuando eras un nenito de tan solo 5 añitos y yo te miraba al lado de desconocidos que preguntaban quién era ese negrito que tenía la 10 en la espalda.

* Este texto fue escrito originalmente en el 2010. Once años después fue readaptado.

ESMERADO SERVICIO DE BUFFET

Soy cordobés y no sé contar chistes. Lo aclaro siempre cada vez que estoy en una reunión fuera de mi provincia. Es que siempre te piden que cuentes un chiste cuando te escuchan hablar y salta la tonada o te presentas como "cordobés".

No sé contar chistes, pero me encanta escuchar chistes o anécdotas exageradas con cuotas de humor, ese condimento que tipos como Cacho Buenaventura o el Negro Álvarez exponen en sus historias y provocan tantas risas. Recuerdo algún domingo escuchando casetes del Cacho en la playa del Solari, allá en Embalse. ¡Uh cuántas imágenes del lago, con los muchachos reunidos alrededor de unas botellas de cerveza y de fondo los cuentos del Cacho!

Aunque muchas veces esas juntadas provocan que se cuenten chistes y que se generen nuevas anécdotas graciosas que luego se narrarán entre risas en otra juntada con unos cortes salidos de la parrilla. Y así el eslabón infinito...

Para contar un chiste o una buena anécdota en forma oral tenés que tener, incluso gracia. Y los cordobeses la tenemos, salvo yo y un 30 por ciento más de la población mediterránea.

En mi provincia en toda juntada entre amigos y amigas siempre aparece el que sabe o la que sabe narrar chistes. Siempre, siempre está el gracioso o la graciosa. Ojo, también están los insoportables, como relata Casciari; porque también me pasa que me pongo muy incómodo cuando hay alguien contando un chiste y no tiene ese toque especial, no tiene gracia. Y es muy difícil remársela.

En mi pueblo, cuando no existía el coronavirus y ni enterados que alguna vez existiría el "aislamiento social", esas juntadas entre amigos, con asados, ferné, cerveza y bromas abundaban... O abundan (vamos a ser realistas, lamentablemente, hubo muchas de esas juntadas ilegales; pero eso es motivo de otro relato).

Intentaré narrar en estas líneas algo que sucedió antes del COVID-19 y mucho después de que le pregunté al Pera, en el Club Náutico, si quería ir a jugar al fútbol a la canchita del correo y me respondió: "Yo no soy perro para correr detrás de una pelota". Y se terminó la conversación. Y, también, mucho tiempo después de que el Pablito Barrientos en un bar de Córdoba lo agarró para la gastada a un rubiecito diciéndole que tenía la braqueta baja, y casi terminamos todos a las piñas. No, no pasó nada, el pibe se fue y nos quedamos contando chistes con personajes embalseños. Y en esa juntada me contaron sobre esta juntada donde se contaron las dos anécdotas que se narrarán. El eslabón infinito...

La mayoría peinaba canas y otros ya no tenían qué peinar. Pero en sus cabezas había un centenar de historias y comenzaron a relatar varias, como la del gol en contra del Mateo o cuando el Gordo Guzmán se pegó flor de susto en el cementerio...

Primero fue el Cacho.

-¿Se acuerdan del Pata de Lancha? El Tati nunca lo ponía. Jugaba en la Quinta y un día faltó el Loquillo Arce, que era el delantero titular. Arriba jugaban el Adrián Márquez, Daniel Quiroga y el Loquillo. Jugaba con tres delanteros el Tati –y alza la voz, poniendo énfasis en esta última oración–. Ante esta ausencia, tenía que echar mano. El suplente era el Marcos Acuña, pero no había ido. Y, como decía, el Pata de Lancha no jugaba nunca. Pero bueno –suspiró, actuando la situación–. El Tati le dijo, vas a tener que jugar vos. El Pata de Lancha de pedo jugaba alguna vez en las prácticas

–todos se reían-. Se cambió. Tenía una ansiedad ¡Al fin iba a jugar! Hizo el precalentamiento bien activo. Entraron los equipos a la cancha. El árbitro hace el sorteo. Saca Fitz Simon. El árbitro da el silbato inicial y Pata de Lancha encaró con la pelota, solo. El que sacó, tocó para adelante. Y Pata de Lancha encaró con la pelota, encaró al arco. Gambeteó a uno, a otro, quedó frente al arquero, también lo gambeteó y definió. Gol. Salió festejando como un loco. Gol. Récord Guines, el gol más rápido de la historia. Pero nadie lo iba a saludar. Entonces, Pata de Lancha los mira a todos. ¿Qué pasó?, nadie lo iba a saludar ¿Cuál era la razón? –y antes de rematar la anécdota, lanza una carcajada-. Era el minuto de silencio.

Risas. Risas. Y risas.

Mientras corría líquido y las cenizas se estaban apagando con un par de choris como evidencia del atracón, el Hugo empezó a narrar...

-Arturo Cussa solía hacer la publicidad rodante en el pueblo. Lo hacía arriba de una rural 1500. Le ponía los parlantes arriba y andaba por las calles del pueblo haciendo publicidad... Ese fin de semana se corría en El Quebracho unas carreras cuadreras y lo habían contratado para hacer la publicidad. Arturo tenía un grabador Ranser, ese que venía adentro de una funda de cuero. Él grababa el casete y lo manejaba con los dedos al grabador, adelantaba, paraba, ponía en pausa, retrocedía y volvía. Lo hacía de taquito. Y salió por los barrios publicitando la noticia de las carreras en El Quebracho. Andaba por La Aguada, Las Flores, Santa Isabel, Barrio Comercial, Villa Irupé, y así... Bueno, esa tarde salió la propagadora con lo de las cuadreras. Había hecho unas cuadras y le hace seña don Alejo Luna. Desde hacía unas semanas, don Alejo, el de la empresa funeraria, había empezado a dar las necrológicas con Arturo. Lo llamó porque había fallecido un vecino de Embalse. Y lo contrató para que avisara del velorio. Sí, no hay problema, dijo el Arturo, que se volvió hasta su casa y grabó la necrológica. Y para ahorrar y ganar unos pesos, qué hizo, lo grabó en el mismo casete que estaba usando para las carreras de caballo. Total, él tenía cancha, lo manejaba con los dedos al casete. Grabó y salió de nuevo. "Empresa Luna comunica el fallecimiento del abonado número 34, don José Barraza, que en el día de la fecha ha dejado de existir. Casa Mortuoria, Villa Saaaaanta Isabel", anunciaban los parlantes. Era un vecino muy querido, así que todos escuchaban atentos la información que Arturo estaba dando por las calles. Habían pasado unos cuantos minutos, llevaba varias calles recorridas dando la necrológica. Y en eso ve que otra persona le hace seña para que pare. Era su hermano. Era ahí, a la altura de la cooperativa. Para la rural, pero el casete siguió andando. Se bajó. Se olvidó de apagarlo. Y de pronto se escuchó en el pueblo: "Empresa Luna comunica el fallecimiento del abonado número 34, don José Barraza, que en el día de la fecha ha dejado de existir. Casa Mortuoria, Villa Saaaaanta Isabel - participe, diviértase, habrá un esmerado servicio de buffet...".

AGRADECIMIENTOS

A Jesús…

A mi familia, por estar siempre.

A Embalse, que lo llevo a todos lados.

A Cacho Carballo y Daniel Maldonado, siempre dispuestos a ayudar y colaborar para contar las historias embalseñas.

A mis compañeros de Fitz Simon.

A mis técnicos de Fitz Simon.

A mis maestras de jardín y primario.

A los potreros de barrio Casitas y La Aguada de Reyes.

A Damián Felicia, por motivar a ir por más.

A mis amigos y hermanos del "Supersol"; en la próxima narro nuestra historia.

A Dios…

"… Me concentro únicamente en esto: olvido el pasado y fijo la mirada en lo que tengo por delante, y así avanzo hasta llegar al final de la carrera para recibir el premio celestial al cual Dios nos llama por medio de Cristo Jesús" (Filipenses).

ÍNDICE

Este libro se terminó de imprimir
en el mes de Mayo de 2021
en Córdoba, Argentina.